Dritter Abschnitt
Militärische Gewalt auf besetztem feindlichen Gebiete.

Artikel 42.
Ein Gebiet gilt als besetzt, wenn es sich tatsächlich in der Gewalt des feindlichen Heeres befindet. Die Besetzung erstreckt sich nur auf die Gebiete, wo diese Gewalt hergestellt ist und ausgeübt werden kann.

Artikel 43.
Nachdem die gesetzmäßige Gewalt tatsächlich in die Hände des Besetzenden übergegangen ist, hat dieser alle von ihm abhängenden Vorkehrungen zu treffen, um nach Möglichkeit die öffentliche Ordnung und das öffentliche Leben wiederherzustellen und aufrechtzuerhalten, und zwar, soweit kein zwingendes Hindernis besteht, unter Beachtung der Landesgesetze.

Artikel 44.
Einem Kriegführenden ist es untersagt, die Bevölkerung eines besetzten Gebiets zu zwingen, Auskünfte über das Heer des anderen Kriegführenden oder über dessen Verteidigungsmittel zu geben.

Artikel 45.
Es ist untersagt, die Bevölkerung eines besetzten Gebiets zu zwingen, der feindlichen Macht den Treueid zu leisten.

Artikel 46.
Die Ehre und die Rechte der Familie, das Leben der Bürger und das Privateigentum sowie die religiösen Überzeugungen und gottesdienstlichen Handlungen sollen geachtet werden.
Das Privateigentum darf nicht eingezogen werden.

Artikel 47.
Die Plünderung ist ausdrücklich untersagt.

Auszug aus dem »Abkommen betreffend die Gesetze und Gebräuche des Landkriegs [Haager Landkriegsordnung], 18. Oktober 1907«, in: *Reichsgesetzblatt 1910*, S. 107–151, hier S. 147 f.

Enerhodar, im Südosten der Ukraine: Seit März 2022 halten russische Truppen die Stadt am linken Ufer des Kachovka-Stausees besetzt. 1972 als Versorgungssiedlung für das nahegelegene Kohlekraftwerk Zaporižžja gegründet, war das Leben der Menschen seit 1987 vor allem geprägt durch das Atomkraftwerk gleichen Namens. Es war der größte Arbeitgeber der Region. Von den einst 54.000 Einwohner:innen leben heute nur noch etwa 17.000 in Enerhodar. Während viele der Verbliebenen die russische Präsenz als Zumutung empfinden, von Gewalt, Raub und Deportationen berichten, inszenieren sich die Besatzer als Befreier und erinnern an den deutschen Überfall und den aufopfernden Kampf der sowjetischen »Brudervölker« gegen Nazi-Deutschland im Zweiten Weltkrieg. Das große Plakat im Hintergrund gratuliert den Menschen in Enerhodar zum Tag des Sieges, der in Russland am 9. Mai gefeiert wird. Neben dem Schriftzug prangt der Orden des Vaterländischen Krieges vor dem Sankt-Georgs-Band: »Wir erinnern uns. Wir sind stolz.«

Die Einladung an die Ukrainer:innen, sich im imaginierten Bezugsraum einer vorgeblich gemeinsamen »Russischen Welt« dem Siegerkollektiv zugehörig zu fühlen, ist freilich ein vergiftetes Angebot, verlangt sie doch im Umkehrschluss, die hegemoniale russische Kultur anzuerkennen – und damit auch die Legitimität der vermeintlichen »Denazifizierungsmission« des Kreml. Während die russische Propaganda den ins Gespräch vertieften Männern gleichgültig zu sein scheint, hat Volodymyr Zelens'kyj auf die erinnerungspolitische Offensive aus Moskau reagiert und den »Tag der Erinnerung und des Sieges über den Nazismus im Zweiten Weltkrieg« in Abgrenzung zu Russland auf den 8. Mai verlegt.

Tatjana Tönsmeyer

Nach dem Ende der Kämpfe
Asymmetrien, entmündigte Staatlichkeit
und der Schein von Normalität

Im Herbst 2023, anderthalb Jahre nach Beginn des russischen Großangriffs, sind etwa 17 Prozent des ukrainischen Territoriums russisch besetzt. 17 Prozent des Staatsterritoriums entspricht im bundesdeutschen Maßstab ungefähr der Fläche der Bundesländer Baden-Württemberg, Rheinland-Pfalz und Saarland. So vielfältig die Unterschiede sind, allein die Größenverhältnisse machen deutlich, dass es um nicht unerhebliche Gebiete geht. Dennoch ist Besatzung in Deutschland kaum ein Thema. Warum das so ist, warum Besatzung gewissermaßen eine Leerstelle im deutschen Diskurs darstellt, was Besatzung bedeutet, welche Auswirkungen sie für die betroffenen Gesellschaften in Vergangenheit und Gegenwart hatte und hat, darum geht es in diesem Heft.

Aufmerksamkeitskonjunkturen – und was sie ausblenden

Vor allem in den ersten Wochen und Monaten nach der russischen Invasion waren Bilder vom Krieg in der Ukraine medial nahezu omnipräsent. Inzwischen hat sich der Fokus der Berichterstattung verschoben, es geht vor allem um die Auswirkungen des Krieges. Die Aufmerksamkeit gilt Themen wie Energiesicherheit, Rüstungslieferungen, Inflationsbekämpfung oder dem Umgang mit den Geflüchteten. Diese beiden Erzählstränge – Kriegsgeschehen und Konsequenzen – sind so dominant, dass kaum auffällt, wie wenig über die russisch besetzten Gebiete berichtet wurde und wird.

Besatzung ist ein *blind spot*, und dafür gibt es Gründe. Unsere Nachrichtenwelt ist eine der Bilder. Manche Fotografien des Kriegsgeschehens sind spektakulär: feuerwerksartig explodierende Geschosse am Nachthimmel, bizarre Ruinen von Wohnhäusern, Menschen, die in U-Bahnhöfen und Kellern Zuflucht vor Bombardierung suchen. Bilder rufen zur Empathie auf, sie organisieren Unterstützung und Durchhaltewillen. Man denke nur an die David-gegen-Goliath-Bilder aus den ersten Kriegstagen von ukrainischen Traktoristen, die liegen gebliebene russische Panzer wegschleppten.

Dass es Bilder aus den ukrainischen Kriegsgebieten gibt, hat auch damit zu tun, dass Journalist:innen dort, anders als in den besetzten Gebieten, ihrer Tätigkeit, wenn auch mit Einschränkungen, nachgehen können. Selbstverständlich ist sich die ukrainische Regierung, gerade unter diesem Präsi-

»Guten Abend, wir sind aus der Ukraine.« Briefmarkenserie der Ukrainischen Post vom Juli 2022. Das stilisierte Motiv erinnert an Vorkommnisse aus den ersten Wochen des Krieges, als ukrainische Bauern mit ihren Traktoren wiederholt liegen gebliebene oder zerstörte russische Panzer wegschleppten.

denten, ihrer kommunikativen *soft power* bewusst; und fraglos stimmt auch, dass es ein ukrainisches Interesse an Bildern vom Krieg gibt, schon allein, damit er in den Gesellschaften der Verbündeten nicht in Vergessenheit gerät. Zugleich haben die zuständigen Militärkommandos sogenannte rote Zonen eingerichtet. So ist zum Beispiel in der Südukraine Journalist:innen in solchen Zonen der Zugang zu Häfen, militärischen Objekten, wiedereroberten Gebieten und Grenzbereichen verboten, was die Berichterstatter:innen als inakzeptable Einschränkung[1] ihrer Arbeit kritisieren.

---

1 Reporter ohne Grenzen (Hg.), »Front-Verbot für Medienschaffende«, 11. 4. 2023; online unter: https://www.reporter-ohne-grenzen.de/ukraine/alle-meldungen/meldung/front-verbot-fuer-medienschaffende [11. 1. 2024].

Der Kontrast zu Russland ist eklatant. Während es in der Ukraine selbst im Krieg möglich ist, Einsprüche zu erheben, hat die russische Regierung kritische Journalist:innen im eigenen Land mundtot gemacht. Unabhängige Medien wurden zu »unerwünschten Organisationen« erklärt, mussten schließen oder wurden außer Landes getrieben. Schon 2006 hatte die Ermordung von Anna Politkovskaja, die mit Reportagen über den Krieg in Tschetschenien und die Korruption in den Streitkräften bekannt geworden war, für Entsetzen gesorgt. Die Verhaftung des US-Journalisten Evan Gershkovich im April 2023, der für das *Wall Street Journal* aus Moskau berichtet hat und dem Spionage vorgeworfen wird, stellt einen weiteren Einschnitt dar. In der Folge haben viele ausländische Korrespondent:innen das Land verlassen.[2] Eine freie Berichterstattung ist in Russland nicht möglich. Das gilt auch für die besetzten Gebiete.

Hinzu kommt, dass Besatzung weit weniger spektakuläre Bilder produziert als der Krieg. Unter Besatzung ist der Einsatz schwerer Waffen zum Erliegen gekommen, ein Schein von Normalität entsteht. Daher lassen sich hierzulande Stimmen in der Öffentlichkeit vernehmen, die behaupten, wenn das Kämpfen aufhöre, werde auch nicht mehr gestorben. Das sei doch besser als der Krieg mit seinen hohen Zahlen von Toten. Doch wer so denkt, erliegt einer Fehlwahrnehmung. Gerade unter Besatzung leidet die Zivilbevölkerung weiter, sie ist nun dem Aggressor und seinen Institutionen schutzlos ausgeliefert. Für die russisch besetzten Gebiete lässt sich das exemplarisch an zwei Verbrechenszusammenhängen verdeutlichen.

Buča, Irpin', oder auch Isjum haben sich als Orte, an denen Angehörige der russischen Streitkräfte Massaker verübten, auf den *mental maps* dieses Kriegs eingeschrieben. Buča, ein Vorort von Kyjiv, ist schon früh von russischen Truppen besetzt worden. Als diese Anfang April 2022 nach etwas mehr als einem Monat wieder abzogen, wurden Hunderte Leichen gefunden. Das Entsetzen war groß, auch weil viele der Opfer offensichtlich gefoltert worden waren. Die ukrainische Schlussbilanz vom August 2023 sprach von 458 Toten, fast alle Zivilist:innen. Bei 419 von ihnen fanden sich Anzeichen dafür, dass sie gefoltert, erschlagen oder erschossen worden waren.[3]

---

2 Anna Politkovskaja, *Tschetschenien*. Die Wahrheit über den Krieg, übers. von Hannelore Umbreit und Ulrike Zemme, Köln 2003; Pia Behme, »Fall Gershkovich. Können ausländische Medien in Russland bleiben?«, in: *Deutschlandfunk*, 6.4.2023; online unter: https://www.deutschlandfunk.de/gershkovich-journalist-russland-verhaftet-festgenommen-100.html [11.1.2024].

3 Liz Sly / Kostiantyn Khudov, »Accounting of Bodies in Bucha Nears Completion«, in: *The Washington Post*, 8.4.2022; online unter: https://www.washingtonpost.com/world/2022/08/08/ukraine-bucha-bodies/ [11.1.2024]. Zu Isjum siehe Human Rights Watch (Hg.), »Ukraine: Russische Truppen folterten Gefangene in Isjum. Betroffene berichten von Schlägen, Elektroschocks und Waterboarding«, 19.10.2022; online unter: https://www.hrw.org/de/news/2022/10/19/ukraine-russische-truppen-folterten-gefangene-isjum [11.1.2024].

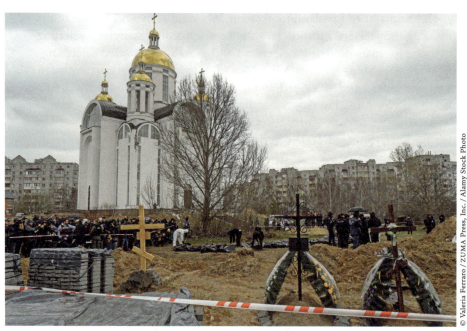

Exhumierung von Leichen aus einem Massengrab nahe der Kirche St. Andreas und Allerheiligen in Buča bei Kyjiv, 8. April 2022.

Juristisch betrachtet stellen diese Verbrechen Kriegsverbrechen dar. Der Begriff möge jedoch nicht darüber hinwegtäuschen, dass die Taten nicht im Kriegsgeschehen, sondern unter Besatzung begangen wurden, als die Gebiete den Truppen der Russländischen Föderation unterstanden. Die Verbrechen unter Besatzung zeigen, dass das Sterben keineswegs aufhört, wenn in einem Gebiet nicht mehr gekämpft wird, auf die Kampfhandlungen aber Okkupation folgt. Die Gewalt nimmt kein Ende, vielmehr verändert sie ihre Formen. Die Mechanismen der Berichterstattung, die häufig auf Bilder angewiesen ist, und die Abriegelung der besetzten Orte führen dazu, dass Meldungen über diese Gewalt die internationale Öffentlichkeit nicht oder nur verspätet erreichen.

Auch ein Bericht des Royal United Services Institute for Defense and Security Studies (RUSI) stellt die Gewalttätigkeit der russischen Besatzer heraus. Die Autoren betonen, dass die Okkupanten in den von ihnen kontrollierten Gebieten die Bevölkerung systematisch einschüchtern und unterdrücken, häufig mithilfe von Kollektivstrafen, die sich auch auf das Umfeld von Verhafteten erstrecken.[4] Explizit halten sie fest:

---

[4] Jack Watling / Oleksandr V. Danylyuk / Nick Reynolds, *Preliminary Lessons from Russia's Unconventional Operations During the Russo-Ukrainian War, February 2022 – February 2023*, London 2023 (= RUSI Special Report, 29 March 2023), S. 26 und S. 34.

The brutality of Russian troops was not confined to those areas where there were ongoing Ukrainian artillery strikes. Even in those areas where no strikes were taking place, acts of resistance would often lead to apparently random people being lifted for interrogation in numbers. [...] Given that this pattern was repeated in many towns, it seems systematic and to follow a cruel logic that, if acts of resistance bring about collective punishment, then those wishing to resist must not only factor in the risk to themselves but also the risk to their families, friends and community.[5]

Angesichts der planvollen, systematisch und zielgerichtet verübten Gewalt seitens der russischen Besatzer in den okkupierten Gebieten steht daher zu befürchten, dass bei der Rückeroberung weiterer Gebiete neue Verbrechen ans Licht kommen. Das Sterben hört also nicht auf, aber anders als einschlagende Artillerie bleibt es für die Weltöffentlichkeit unsichtbar. Die Geschehnisse von Buča, und anderen Orten lehren, dass es voreilig wäre, vom Fehlen von Bildern auf das Fehlen von Gewalt zu schließen.

Noch schwerer abzubilden ist ein zweiter Verbrechenskomplex: die Verschleppung ukrainischer Kinder und Jugendlicher. Der Internationale Strafgerichtshof in Den Haag hat deswegen im März 2023 Haftbefehl gegen Vladimir Putin und die Kinderrechtsbeauftragte des russischen Präsidenten Marija L'vova-Belova erlassen. Er wirft ihnen vor, für die rechtswidrige Deportation von Kindern aus den besetzten Gebieten verantwortlich zu sein.[6]

Um wie viele Kinder es sich dabei handelt, ist unklar, die Zahlen liegen weit auseinander. Während amtliche ukrainische Stellen die Fälle von rund 19.500 Kindern akribisch dokumentiert haben, die seit der Invasion nach Russland deportiert und dort vielfach in Heimen oder Pflegefamilien untergebracht worden sein sollen,[7] dürfte die Dunkelziffer noch höher liegen. Die russische Regierung selbst spricht davon, seit Kriegsbeginn 700.000 ukrai-

---

5 Ebd., S. 26. Grundsätzlich zum gewaltgeprägten Alltag unter russischer Besatzung auch Tatiana Zhurzhenko, »Terror, Kollaboration und Widerstand. Russlands Herrschaft in den neu besetzten Gebieten der Ukraine«, in: *Osteuropa* 72 (2022), 6–8, S. 179–200.

6 International Criminal Court (Hg.), »Situation in Ukraine. ICC Judges Issue Arrest Warrants against Vladimir Vladimirovich Putin and Maria Alekseyevna Lvova-Belova«, 17. 3. 2023; online unter: https://www.icc-cpi.int/news/situation-ukraine-icc-judges-issue-arrest-warrants-against-vladimir-vladimirovich-putin-and [11. 1. 2024]. Siehe auch Human Rights Watch (Hg.), »Ukrainer*innen nach Russland verschleppt. Strafende und rechteverletzende Prüfverfahren für fliehende Zivilist*innen«, 1. 9. 2022; online unter: https://www.hrw.org/de/news/2022/09/01/ukrainerinnen-nach-russland-verschleppt [11. 1. 2024].

7 Siehe dazu etwa die Ausführungen von Serhij Lukašov, dem Leiter der Organisation SOS-Kinderdörfer in der Ukraine, »Mehr als 19.000 ukrainische Kinder nach Russland deportiert. SOS-Kinderdörfer organisieren Rückführung in die Ukraine«, in: *Frankfurter Rundschau*, 10. 8. 2023; online unter: https://www.fr.de/pressemitteilungen/mehr-als-19-000-ukrainische-kinder-nach-russland-deportiert-sos-kinderdoerfer-organisieren-rueckfuehrung-in-die-ukraine-92452037.html [11. 1. 2024].

nische Kinder »aufgenommen« zu haben.[8] Bilder gibt es hiervon so gut wie keine, nur manchmal von der Freude, wenn es gelingt, eine Familie wieder zusammenzuführen. Doch das Leiden der Kinder und ihrer Angehörigen gehört in den Zusammenhang von Besatzung.

Ent-innerte Besatzung

Als Ende Februar 2022 die ersten aus der Ukraine Geflüchteten in Deutschland ankamen, konnte man in persönlichen Gesprächen als Begründung für die Entscheidung, ihr Land zu verlassen, oft hören, dass sie auf keinen Fall unter russischer Besatzung leben wollten. Die Geflüchteten nahmen damit den Ausgang der Kämpfe gewissermaßen vorweg. Sie wüssten, aus dem Schulunterricht oder aufgrund transgenerationell weitergegebener Erfahrung, so hieß es immer wieder, was Besatzung bedeute. Die Besatzung, die sie damit adressierten, war die deutsche Besatzung der Ukraine in den Jahren des Zweiten Weltkriegs, zwischen 1941 und 1944.

In Deutschland, das stolz auf seine Vergangenheitsaufarbeitung ist, mussten sie feststellen, dass ihr Wissen hierzulande nur selten geteilt wird. Das spiegelt auch die MEMO-Studie zur NS-Erinnerungskultur von 2022 wider: Befragte verbinden den Zweiten Weltkrieg vor allem mit Frankreich (74,9 Prozent), Polen (60,3 Prozent) und Großbritannien (41,3 Prozent), in Ostdeutschland auch mit Russland (36,3 Prozent).[9]

Die Ukraine und Belarus sind weiße Flecken in der Erinnerungslandschaft. In den Ende 2021 / Anfang 2022 erhobenen Daten spielen sie mit 1 Prozent (Ukraine) und sogar nur 0,1 Prozent (Belarus) keine Rolle. Bedenkt man die hohen Opferzahlen in beiden Gesellschaften – in Belarus wurden die Bevölkerungsverluste durch den Krieg und die unter Besatzung verübten deutschen Massenverbrechen erst in den 1980er-Jahren ausgeglichen –, zeigen sich hier erhebliche Wissensdefizite.

In der folgenden Jugendstudie 2023 wurde daher konkret nach dem Bezug zwischen dem russischen Krieg in der Ukraine heute und der Bedeu-

---

8 O.A., »Kriegsverbrechen in der Ukraine. Russland will seit Kriegsbeginn 700.000 ukrainische Kinder ›aufgenommen‹ haben«, in: *Spiegel Online*, 31.7.2023; online unter: https://www.spiegel.de/ausland/ukraine-krieg-700-000-ukrainische-kinder-seit-kriegsbeginn-nach-russland-verschleppt-a-0a709765-a583-459a-b63a-059ad81f3aed [11.1.2024]. Siehe auch Karolina Hird / Riley Bailey / Grace Mappes / Madison Williams / Yekaterina Klepanchuk / Frederick W. Kagan, »Russian Offensive Campaign Assessment«, 16.11.2022; online unter: https://www.understandingwar.org/backgrounder/russian-offensive-campaign-assessment-november-16 [11.1.2024].

9 Michael Papendick / Jonas Rees / Maren Scholz / Andreas Zick, *MEMO – Multidimensionaler Erinnerungsmonitor*. Studie V/2022, S. 36 und S. 52; online unter: https://www.stiftung-evz.de/assets/1_Was_wir_f%C3%B6rdern/Bilden/Bilden_fuer_lebendiges_Erinnern/MEMO_Studie/MEMO_5_2022/evz_brosch_memo_2022_de_final.pdf [11.1.2024].

Plakat auf einer Demonstration in Berlin, 25. Februar 2022.

tung einer Auseinandersetzung mit der Geschichte gefragt. Von den Befragten stimmten 40 Prozent der Aussage zu, der Krieg in der Ukraine habe ihnen bewusst gemacht, wie wichtig es ist, sich mit dem Thema Geschichte zu befassen; 28,2 Prozent sehen keinen Zusammenhang zwischen dem gegenwärtigen Krieg und der Bedeutung von Geschichte. Von einer intensiveren Auseinandersetzung mit der Rolle der Ukraine während des Zweiten Weltkriegs berichten 14,9 Prozent, während der größte Teil (59,3 Prozent) angibt, dies nicht getan zu haben. Eine »besondere moralische Verantwortung« Deutschlands gegenüber der Ukraine aufgrund der Verbrechen im Zweiten Weltkrieg sieht die Mehrheit der Befragten nicht. Weniger als jede:r Fünfte (19,1 Prozent) stimmt dieser Aussage zu – mehr als doppelt so viele Befragte (40,7 Prozent) lehnen sie ab.[10] Gegen dieses deutsche Nichtwissen stemmen sich viele Ukrainer:innen, auch per Plakat auf Demonstrationen: »Hast du vergessen[,] wo die Ukraine liegt? Frag deinen Opa!«

Nach Besatzung haben die Studien nicht explizit gefragt. Doch die Zahlen für die Ukraine oder Belarus machen indirekt deutlich, dass Besatzung ein Nichtthema ist. Sie sind ein Indiz dafür, dass Millionen von Opfern der deutschen Besatzungspolitik vor allem im östlichen Europa im bundesrepu-

---

10 Michael Papendick / Jonas Rees / Maren Scholz / Leon Walter / Andreas Zick, *MEMO – Multidimensionaler Erinnerungsmonitor*. Jugendstudie 2023, S. 57 f.; online unter: https://www.stiftung-evz.de/assets/1_Was_wir_f%C3%B6rdern/Bilden/Bilden_fuer_lebendiges_Erinnern/MEMO_Studie/2023_MEMO_Jugend/MEMO_Jugendstudie_2023_DE.pdf [11. 1. 2024].

blikanischen Geschichtsbild keinen Platz gefunden haben. Besatzung, so ließe sich argumentieren, bildet eine Fehlstelle im deutschen Erinnerungsdiskurs. In diesem dominiert vielmehr die Erinnerung an den Krieg. Das entspricht den Erfahrungen der deutschen Gesellschaft mit ihren allein für die Wehrmacht rund 13 Millionen mobilisierten Soldaten, von denen Hunderttausende fielen.[11] Für die Daheimgebliebenen stand zunächst die Sorge um die Eingezogenen im Vordergrund, später die eigenen Kriegserfahrungen, besonders die Bombardierungen deutscher Städte.

Diese Erfahrung rief auch Olaf Scholz in seiner Zeitenwende-Rede Ende Februar 2022 auf, als er von »schrecklichen Bilder[n] aus Kiew, Charkiw, Odessa und Mariupol« sprach und nahelegte, diese Erfahrungen seien in Deutschland bekannt: »Ich weiß genau, welche Fragen sich die Bürgerinnen und Bürger in diesen Tagen abends am Küchentisch stellen, welche Sorgen sie umtreiben angesichts der furchtbaren Nachrichten aus dem Krieg. Viele von uns haben noch die Erzählungen unserer Eltern oder Großeltern im Ohr vom Krieg.«[12] *Wir kennen das*, lautete die Botschaft des Bundeskanzlers. Dass er von jenem Krieg sprach, den Deutschland mit dem Überfall auf Polen begonnen hatte, erwähnte er nicht eigens.

Im Zusammenhang mit dem Zweiten Weltkrieg deutsche Leidenserfahrungen aufzurufen, hat in der Bundesrepublik eine lange Tradition, Opfer- und Distanzerzählungen entwickelten sich früh. Gerade in den ersten Nachkriegsjahren sah sich die deutsche Bevölkerung überwiegend selbst als Opfer – des Nationalsozialismus, des Kriegs, von Flucht und Vertreibung, auch der alliierten Besatzung. Melvin Lasky, Angehöriger der Historischen Abteilung der US Army, hörte im kriegszerstörten Deutschland 1945 immer wieder Äußerungen wie »Nicht alle hatten Schuld an Hitler, aber nun müssen alle ohne Unterschied leiden« oder »Wir sind alle belogen und betrogen worden«. Ein Gesprächspartner ließ ihn gar wissen: »Auf der ganzen Welt gibt es keine Seele, die unglücklicher wäre, kein Menschenwesen, das hoffnungsloser und geplagter wäre als der Deutsche.«[13]

Angesichts des heute weitreichenden demokratischen Konsenses über die Bedeutung einer lebendigen Erinnerungskultur gerät leicht aus dem

---

11 Rüdiger Overmans spricht davon, dass insgesamt circa 13,6 Millionen Männer zum Heer, 2,5 Millionen zur Luftwaffe, 1,2 Millionen zur Marine und 900.000 zur Waffen-SS eingezogen wurden, von denen (einschließlich der Toten aus den paramilitärischen Organisationen) circa 5,3 Millionen ums Leben kamen. Ders., *Deutsche militärische Verluste im Zweiten Weltkrieg*, München 1999, S. 316.

12 Olaf Scholz, »Regierungserklärung in der Sondersitzung zum Krieg gegen die Ukraine vor dem Deutschen Bundestag am 27. Februar 2022 in Berlin«, in: Bundesregierung (Hg.), *Reden zur Zeitenwende. Bundeskanzler Olaf Scholz*, Berlin 2022, S. 7–19, hier S. 7 f.; online unter: https://www.bundesregierung.de/resource/blob/992814/2131062/78d39dda6647d7f835bbe76713d30c31/bundeskanzler-olaf-scholz-reden-zur-zeitenwende-download-bpa-data.pdf [11.1.2024].

13 Melvin J. Lasky, *Und alles war still. Deutsches Tagebuch 1945*, übers. von Christa Krüger und Henning Thies, Berlin 2014, S. 143, S. 148 und S. 158.

Blick, dass sich große Teile der westdeutschen Gesellschaft in der Nachkriegszeit in einem neuen Selbstverständnis als Opfer einrichteten.[14] Damit einher ging die Ausprägung von Traditionen des kollektiven Wegsehens, der Zurückweisung von Verantwortung und der Abwehr von Fragen nach Kollektivschuld.[15] Die Haltung hat als »Triumph des Beschweigens«[16] Eingang in die Forschung gefunden. Verantwortungszurückweisung konnte so zu einem zentralen Baustein des Gründungskonsenses der Bundesrepublik werden.[17]

Ihren Ausdruck fand sie auch in den Schlussstrich-Debatten, die in der Bundesrepublik seit ihrer Gründung bis in die Gegenwart hinein immer wieder geführt werden. Um exemplarisch zwei Beispiele herauszugreifen: Nach den antisemitischen Ausschreitungen um den Jahreswechsel 1959/1960 ergab eine repräsentative Umfrage des Instituts für Demoskopie in Allensbach, dass 34 Prozent der befragten Bundesbürger:innen dafür plädierten, einen Schlussstrich zu ziehen (12 Prozent zeigten sich unentschieden). Fünf Jahre später, auf dem Höhepunkt der Debatte um die Verjährung von NS-Verbrechen, war diese Zahl noch höher. Nun forderten 57 Prozent der Befragten einen Schlussstrich, 11 Prozent zeigten sich unentschieden und nur ein knappes Drittel, 32 Prozent, optierte für »Weiter verfolgen«.[18]

Aufschlussreich in der zweiten Umfrage sind auch die Antworten auf die Frage, wie die bundesdeutsche Bevölkerung angesichts der Tatsache, dass man im Ausland gegen die Verjährung sei und eine weitere Verfolgung fordere, reagieren solle. Zur Auswahl standen »Rücksicht nehmen« oder »Von diesen Protesten nicht beeinflussen lassen«. Zwei Drittel plädierten für Letzteres, weitere 12 Prozent zeigten sich unentschieden.[19] Dieser Befund ist auch deswegen erhellend, weil bereits die Frage verdeckte, dass diejenigen, die sich gegen die Verjährung aussprachen, aus jenen Staaten stammten, in denen die Verbrechen begangen worden waren. Die damaligen Antworten bestätigen die bereits beschriebene Verantwortungsabwehr, insbesondere gegenüber dem östlichen Europa. Der Antislawismus der Kriegs- und Besatzungsjahre überdauerte vielfach im Antikommunismus des Kal-

---

14 Peter Reichel, *Vergangenheitsbewältigung in Deutschland*. Die Auseinandersetzung mit der NS-Diktatur von 1945 bis heute, München 2001, S. 66 ff.
15 Markus Urban, »Kollektivschuld durch die Hintertür? Die Wahrnehmung des NMT in der westdeutschen Öffentlichkeit, 1946–1951«, in: Kim C. Priemel / Alexa Stiller (Hg.), *NMT. Die Nürnberger Militärtribunale zwischen Geschichte, Gerechtigkeit und Rechtschöpfung*, Hamburg 2013, S. 684–718, hier S. 699 und S. 713.
16 Norbert Frei, *Vergangenheitspolitik*. Die Anfänge der Bundesrepublik und die NS-Vergangenheit, München 1996, S. 15.
17 Urban, »Kollektivschuld durch die Hintertür?«, S. 717.
18 Elisabeth Noelle / Erich Peter Neumann (Hg.), *Jahrbuch der öffentlichen Meinung 1958–1964*, Allensbach/Bonn 1965, S. 221; Institut für Demoskopie Allensbach (Hg.), *Verjährung von NS-Verbrechen*. Ergebnisse einer Schnellumfrage, Allensbach 1965.
19 Institut für Demoskopie Allensbach (Hg.), *Verjährung*, Tabelle 5.

ten Krieges und äußerte sich oft in einer bemerkenswerten Empathielosigkeit gegenüber jüdischen wie nicht jüdischen Opfern.[20]

Doch Beschweigen und die Forderungen nach einem Schlussstrich kamen nicht einer *damnatio memoriae* des Kriegs gleich. Vielmehr sind die Umfragen als ein »Wir lassen uns nicht hineinreden, wie wir über den Krieg denken« zu lesen. Sie spiegeln damit auch den weitreichenden Konsens wider, wonach die Wehrmacht »sauber« geblieben sei, die Nation viele Opfer gebracht habe und Verbrechen nur von einigen wenigen begangen worden seien. Von Veteranenverbänden bis zum Lesepublikum der Landser-Heftchen und Konsalik-Romane reichte die Front derer, die diese Sichtweisen verteidigten.[21] Wie wirkmächtig sie war, zeigte sich noch Jahre später in den Auseinandersetzungen um die Wehrmachtsausstellung, die auf den Kern des deutschen Familiengedächtnisses zielte, stellte sie doch die Aussage »Opa war kein Nazi« infrage.

Aus dieser Perspektive lässt sich auch die Rede des damaligen Bundespräsidenten Richard von Weizsäcker am 8. Mai 1985 nur bedingt als Zäsur lesen, da auch sie die klassischen Opfertopoi aufrief. So gedachte der Bundespräsident der »eigenen Landsleute, die als Soldaten, bei Fliegerangriffen in der Heimat, in Gefangenschaft und bei der Vertreibung ums Leben gekommen sind«. Erkennbar jedoch bemühte er sich, den Blick zu weiten, indem er von »den sechs Millionen Juden, die in deutschen Konzentrationslagern ermordet wurden« sprach und von »alle[n] Völker[n], die im Krieg gelitten haben, vor allem den unsäglich vielen Bürger[n] der Sowjetunion und der Polen, die ihr Leben verloren haben«.[22] Stand diese Rede für den Beginn einer opferidentifizierenden Erinnerungspolitik,[23] so etablierte der Histori-

---

20 Wolf Gruner / Stefanie Schüler-Springorum, »Two German Perspectives on a German Discussion« in: *Central European History* 56 (2023), S. 278–282, hier S. 280.

21 Rolf-Dieter Müller / Hans-Erich Volkmann (Hg.), *Die Wehrmacht. Mythos und Realität*, München 2012; Jens Westemeier, »*So war der deutsche Landser…* «. Das populäre Bild der Wehrmacht, Paderborn 2019. Zur Opferinszenierung in der (städtischen) Memorialkultur oder bei Gedenkveranstaltungen zum Volkstrauertag siehe Jan Niko Kirschbaum, *Mahnmale als Zeitzeichen. Der Nationalsozialismus in der Erinnerungskultur Nordrhein-Westfalens*, Bielefeld 2020; Neil Gregor, *Haunted City. Nuremberg and the Nazi Past*, New Haven, CT / London 2008, S. 135–207; Tatjana Tönsmeyer, »Vernichtungskrieg und deutsche Besatzung im Zweiten Weltkrieg. Von Sagbarkeitsregimen, Meistererzählungen und erinnerungspolitischen Fehlstellen«, in: Jürgen Zimmerer (Hg.), *Erinnerungskämpfe. Neues deutsches Geschichtsbewusstsein*, Stuttgart 2023, S. 154–174, hier S. 158; Bert-Oliver Manig, *Die Politik der Ehre. Die Rehabilitierung der Berufssoldaten in der frühen Bundesrepublik*, Göttingen 2004; Matthias Harder, *Erfahrung Krieg. Zur Darstellung des Zweiten Weltkriegs in den Romanen von Heinz G. Konsalik*, Würzburg 1999.

22 Richard von Weizsäcker, »Rede zur Gedenkveranstaltung im Plenarsaal des Deutschen Bundestages zum 40. Jahrestag des Endes des Zweiten Weltkrieges in Europa«, 8. 5. 1985; online unter: https://www.bundespraesident.de/SharedDocs/Reden/DE/Richard-von-Weizsaecker/Reden/1985/05/19850508_Rede.html [11. 1. 2024].

23 Cornelia Siebeck, »Einzug ins verheißene Land«. Richard von Weizsäckers Rede zum 40. Jahrestag des Kriegsendes am 8. Mai; in: *Zeithistorische Forschungen / Studies in Contemporary History* 12 (2015), 1, S. 161–169. Ulrike Jureit / Christian Schneider, *Gefühlte*

kerstreit der Jahre 1986/1987 eine Lesart der Shoah, wonach die Ermordung der europäischen Juden durch das NS-Regime singulär, präzedenzlos und nicht als Reaktion auf die Verbrechen der Sowjetunion zu verstehen war.[24]

Im wiedervereinigten Deutschland begann bald darauf eine intensive Auseinandersetzung um den Charakter deutscher Verbrechen. Nachdem deren juristische Aufarbeitung rudimentär geblieben war, galt die historiografische Aufklärung den deutschen Tätern (und Täterinnen) und ihrer Herkunftsgesellschaft.[25] Diese fügte sich in internationale Trends, zu deren zentralen Entwicklungen es gehörte, dass der nationalsozialistische Völkermord an den Juden in einem global gewordenen Holocaust-Diskurs zum Inbegriff des Genozids avancierte und im Westen Europas einen »negativen Gründungsmythos« stiftete.[26]

Vor allem die sogenannte Täterforschung hat wesentliche Erkenntnisse über das deutsche Besatzungsregime, zu den Planungen und Maßnahmen individueller wie institutioneller Akteure erarbeitet. Geschrieben worden ist Besatzungsgeschichte zudem bisher vor allem als eine Geschichte der großen (Opfer-)Zahlen. Erst in jüngster Zeit gilt das Interesse auch der Besatzung als Erfahrungsraum derer, die das Sterben aus nächster Nähe miterlebten, die Verfolgung erduldeten und in vielfacher Weise »*implicated*« waren, um einen Begriff von Michael Rothberg aufzunehmen.[27] Gebündelt wird diese Forschung vielfach durch den Begriff der Besatzungsgesellschaft, der weiter unten ausführlicher eingeführt wird.

Doch erinnerungskulturell ist Besatzung immer noch eine Leerstelle. Dies zeigt sich auch daran, dass keines der großen geschichtspolitischen Vorhaben so wenig öffentliches Echo gefunden hat wie das Dokumentationszentrum Zweiter Weltkrieg und Besatzungsherrschaft (ZWBE), dessen Ein-

---

Opfer. Illusionen der Vergangenheitsbewältigung, Bonn 2010. Allgemein auch Dirk Schmaler, *Die Bundespräsidenten und die NS-Vergangenheit – zwischen Aufklärung und Verdrängung*, Frankfurt am Main 2013.

24 Klaus Große Kracht, »Debatte. Der Historikerstreit«, in: *Docupedia-Zeitgeschichte*, 11. 1. 2010; online unter: http://docupedia.de/zg/kracht_historikerstreit_v1_de_2010 [11. 1. 2024]; Rudolf Augstein (Hg.), »*Historikerstreit*«. Die Dokumentation der Kontroverse um die Einzigartigkeit der nationalsozialistischen Judenvernichtung, München/Zürich 1987; Michael Wildt, »Was heißt: Singularität des Holocaust?«, in: *Zeithistorische Forschungen / Studies in Contemporary History* 19 (2022), 1, S. 128–147.

25 Frank Bajohr, »Neuere Täterforschung«, in: *Docupedia-Zeitgeschichte*, 18. 6. 2013; online unter: http://docupedia.de/zg/bajohr_neuere_taeterforschung_v1_de_2013 [11. 1. 2024].

26 Daniel Levy / Natan Sznaider, *Erinnerung im globalen Zeitalter. Der Holocaust*, Frankfurt am Main 2001; Michael Wildt, »Die Epochenzäsur 1989/90 und die NS-Historiographie«, in: *Zeithistorische Forschungen / Studies in Contemporary History* 5 (2008), 3, S. 349–371, hier S. 366; Michael Jeismann, »Völkermord oder Vertreibung. Medien der Europäisierung?«, in: *Historische Anthropologie* 13 (2005), S. 111–120. Sehr nachdenklich dazu Valentina Pisanty, *The Guardians of the Memory and the Return of the Xenophobic Right*, New York 2019.

27 Michael Rothberg, *The Implicated Subject. Beyond Victims and Perpetrators*, Stanford, CA 2019.

richtung auf einen Beschluss des Bundestags im Oktober 2020 zurückgeht.[28] Angesichts der angespannten Haushaltslage nach dem Urteil des Bundesverfassungsgerichts von Mitte November 2023 muss man um das Zentrum wohl fürchten. Wie wichtig dieses Vorhaben ist, zeigen auch die Reden des Bundespräsidenten, der wiederholt ein weitverbreitetes deutsches Nichtwissen adressiert hat, etwa in seinen Reden in Polen 2019 zum 80. Jahrestag des Beginns des Zweiten Weltkriegs oder 2021 mit Blick auf den 80 Jahre zurückliegenden deutschen Überfall auf die Sowjetunion.[29]

Nichtwissen, so die Wissenssoziologie, ist jedoch nicht einfach nur Absenz von Wissen, sondern Produkt von kulturellen und politischen Auseinandersetzungen.[30] Ähnlich wie mit Blick auf den Kolonialismus geht es bei Besatzung um eine Form des Ent-innerns: ›Gefällige‹ Teile bleiben präsent, nicht aber das Leid der Unterdrückten.[31] Was im kolonialen Kontext die Infrastrukturmaßnahmen waren, sind mit Blick auf die alte Bundesrepublik (neben den Autobahnen) Topoi wie das »Russenmädel« aus den Konsalik-Romanen, die sprichwörtliche »russische Seele« und die »herzensguten Menschen«. Zwar sind sie mittlerweile verblasst. Geblieben sind jedoch die bis zum 24. Februar 2022 selten hinterfragte Identifizierung der Sowjetunion mit Russland und das fehlende Wissen um das Leiden der Unterdrückten der deutschen Besatzungsherrschaft in den Jahren des Zweiten Weltkriegs.

Zu wenig bekannt ist in Deutschland bislang auch, dass in der damaligen Sowjetunion, in Polen, Jugoslawien, Griechenland, Frankreich, den Niederlanden, Belgien, Norwegen und Ungarn die Zahl der getöteten Zivilpersonen die der gefallenen Soldaten überstieg.[32] Mehr noch: Während aus

---

28 Antrag der Fraktionen der CDU/CSU und der SPD, »Gedenken an die Opfer des deutschen Vernichtungskriegs stärken und bisher weniger beachtete Opfergruppen des Nationalsozialismus anerkennen« (= Deutscher Bundestag, 19. Wahlperiode, *Drucksache 19/23126*), 6.10.2020; online unter: https://dserver.bundestag.de/btd/19/231/1923126.pdf [11.1.2024].

29 Frank-Walter Steinmeier, »Rede zur Gedenkfeier zum 80. Jahrestag des Beginns des Zweiten Weltkrieges in der Stadt Wieluń«, 1.9.2019; online unter: https://www.bundespraesident.de/SharedDocs/Reden/DE/Frank-Walter-Steinmeier/Reden/2019/09/190901-Polen-Gedenken-Wielun.html [11.1.2024]; ders., »Rede zum 80. Jahrestag des deutschen Überfalls auf die Sowjetunion am 22. Juni 1941 und zur Eröffnung der Ausstellung ›Dimensionen eines Verbrechens. Sowjetische Kriegsgefangene im Zweiten Weltkrieg‹«, 18.6.2021; online unter: https://www.bundespraesident.de/SharedDocs/Reden/DE/Frank-Walter-Steinmeier/Reden/2021/06/210618-D-Russ-Museum-Karlshorst.html [11.1.2024].

30 Londa Schiebinger, »Feminist History of Colonial Science«, in: *Hypatia* 19 (2004), 1, S. 233–254, hier S. 237.

31 In Anlehnung an Kien Nghi Ha, »Die fragile Erinnerung des Entinnerten – Essay«, in: *APuZ. Aus Politik und Zeitgeschichte*, 23.10.2012; online unter: https://www.bpb.de/shop/zeitschriften/apuz/146985/die-fragile-erinnerung-des-entinnerten-essay/ [11.1.2024].

32 Tony Judt, *Geschichte Europas von 1945 bis zur Gegenwart*, übers. von Matthias Fienbork und Hainer Kober, München/Wien 2006, S. 34 f.

Deutschland sechs Jahre lang Soldaten an die verschiedenen Fronten abrückten, waren in vielen der genannten Länder die eigentlichen Kampfhandlungen eher kurz. Was lange dauerte, war die Besatzung. Die Shoah als Genozid an den europäischen Juden wurde unter Besatzung verübt, ebenso die Massengewalt gegen die einheimischen Bevölkerungen, besonders im östlichen Europa. Wenn auf die Kampfhandlungen eine Besatzung folgt, die sich einem radikalen *social engineering* verschrieben hat – ob zwischen 1939 und 1945 im Rahmen des Generalplans Ost oder heute, bei allen Unterschieden, in den besetzten Gebieten der Ukraine, wo die Russische Föderation eine Entukrainisierungspolitik betreibt –, dann hört das Leiden der Zivilbevölkerung nicht auf. Es ist dieses Wissen, das viele geflüchtete Ukrainer:innen mit nach Deutschland bringen, das hier aber nur selten geteilt wird.

Besatzungsgesellschaften

Bildet in Deutschland Krieg den zentralen erinnerungspolitischen Leitbegriff, so tritt in vielen europäischen Ländern jener der Besatzung hinzu. Dahinter stehen unterschiedliche historische Erfahrungen: Während in Deutschland die militärischen Toten dominieren, sind in den ehemals besetzten Ländern die Zahlen der zivilen Opfer vielfach höher. Sie haben ihr Leben häufig nicht infolge der direkten Kampfhandlungen, sondern der deutschen Massengewalt verloren, die sich gegen die jüdische Bevölkerung, Sinti:zze und Rom:nja, psychisch Kranke und viele andere richtete. Alle diese Gruppen gehörten den Zivilbevölkerungen an, die unter der deutschen Okkupation litten, besonders im östlichen Europa. Oder, in den Worten des britisch-US-amerikanischen Historikers Tony Judt: »In den von Deutschland besetzten Ländern, von Frankreich bis zur Ukraine, von Norwegen bis nach Griechenland, litt primär die Zivilbevölkerung unter dem Krieg.«[33] Der Zweite Weltkrieg, so spitzt er zu, sei ein Besatzungskrieg gewesen.[34] Er betraf damit über konkrete Opfergruppen hinaus ganze Gesellschaften.

Dies gilt zum Beispiel für die Lebensmittelversorgung. Wo immer deutsche Truppen einmarschierten, wurden infolge von Ausbeutung und – auf dem Gebiet der besetzten Sowjetunion – auch einer rassistisch motivierten Hungerpolitik Güter des täglichen Bedarfs schnell knapp, vor allem Lebensmittel.[35] Mangel und Hunger bestimmten bald den Alltag der Besetzten: Die Versorgungslage wurde schlechter, die Menschen nahmen ab. Ein bel-

---

33 Ebd., S. 29.
34 Ebd., S. 30.
35 In europäischer Breite dokumentiert diese Erfahrungen erstmals das im Sommer 2023 online gegangene und an der Bergischen Universität Wuppertal gehostete Portal »Societies under German Occuption«; online unter: https://societiesundergermanoccupation.uni-wuppertal.de/ [11.1.2024].

gischer Postbote hielt Anfang Dezember 1941 in seinem Tagebuch fest, dass er seit Beginn der Besatzung, also in anderthalb Jahren, zwölf Kilo verloren hatte und dass er damit nicht alleine war.[36] Der Gesundheitszustand der Menschen in den besetzten Gesellschaften verschlechterte sich.

Ein Teil des durch die deutsche Besatzung verursachten Hungers war verbrecherisch, so das systematische Verhungernlassen von Angehörigen der Roten Armee in deutscher Kriegsgefangenschaft; allein im Winter 1941/1942 fielen rund 1,8 Millionen von ihnen der Unterernährung und damit einhergehenden Krankheiten zum Opfer. Schon im Vorfeld des Einmarsches in die Sowjetunion hatten sich zudem deutsche Planer darauf verständigt, die Wehrmacht »aus Russland« ernähren zu wollen. Sie nahmen dabei billigend in Kauf, dass »hierbei [...] zweifellos zig Millionen Menschen verhungern [werden], wenn von uns das für uns Notwendige aus dem Lande herausgeholt wird«.[37] Betroffen waren vor allem die Einwohner:innen großer Städte wie Kyjiv oder Charkiv.[38] Eine exorbitant hohe Sterblichkeit herrschte auch in vielen Ghettos, wo Hunger den Alltag bestimmte.[39]

Mangel, auch wenn er keine existenziellen Ausmaße erreichte, gehörte darüber hinaus zum täglichen Leben von Millionen Menschen. Der wohlhabende französische Bankier Charles Rist notierte am 3. Juli 1944 in seinem Tagebuch, dass die Menschen von nichts anderem sprächen als von der Lebensmittelversorgung. Auf der im Ärmelkanal gelegenen Insel Guernsey konnten Krankenschwestern ihre Arbeit aus Schwäche kaum verrichten, weil ihre Tagesrationen aus nicht mehr als einer Tasse Eichelkaffee und etwas Rübeneintopf bestanden. In Griechenland, ebenfalls massiv von Hunger betroffen, aßen Menschen, wenn nichts anderes mehr vorhanden war, ebenso verzweifelt wie beschämt Tierfutter.[40]

---

36 Siehe https://societiesundergermanoccupation.uni-wuppertal.de/doc/004c [11.1.2024].
37 Zit. nach Christian Streit, *Keine Kameraden. Die Wehrmacht und die sowjetischen Kriegsgefangenen 1941–1945*, Stuttgart 1978, S. 63.
38 Dieter Pohl, *Verfolgung und Massenmord in der NS-Zeit 1933–1945*, Darmstadt 2003, S. 40 f.; Karel Berkhoff, »›Wir sollen verhungern, damit Platz für die Deutschen geschaffen wird.‹ Hungersnöte in den ukrainischen Städten im Zweiten Weltkrieg«, in: Babette Quinkert / Jörg Morré (Hg.), *Vernichtungskrieg, Reaktionen, Erinnerung. Die deutsche Besatzungsherrschaft in der Sowjetunion 1941–1944*, Paderborn 2014, S. 54–75; demnächst dazu Laura Eckl, *Herrschaft, Hunger und Überleben*. Besatzungsalltag in der Charkiver Oblast im Zweiten Weltkrieg, Göttingen (im Erscheinen).
39 Helene J. Sinnreich, *The Atrocity of Hunger. Starvation in the Warsaw, Lodz, and Krakow Ghettos during World War II*, Cambridge 2023.
40 Charles Rist, *Une saison gâtée. Journal de la guerre et de l'occupation, 1939–1945*, hrsg. von Jean Noel Jeanneney, Paris 1983, S. 413; Rosemary F. Head / George T. H. Ellison, »Conditions in the Channel Islands during the 1940–45 German Occupation and Their Impact on the Health of Islanders. A Systematic Review of Published Reports and First-Hand Accounts«, in: *Hygiea Internationalis. An Interdisciplinary Journal for the History of Public Health* 8 (2009), 1, S. 51–80, hier S. 63 f.; Violetta Hionidou, *Famine and Death in Occupied Greece, 1941–1944*, Cambridge 2006, S. 120 und S. 123 f.

Der durch die Besatzung ausgelöste Mangel betraf ganze Gesellschaften, viele in verheerender Weise, und doch ist Hunger nicht der große Gleichmacher. Augenfälliges Symbol dafür waren die Rationierungen. Es gab sie in allen besetzten Ländern, und sie folgten im Kern verwandten Logiken, indem sie Anrechte auf Lebensmittelzuteilung vor allem nach Alter, Arbeitszusammenhängen sowie Wohnort staffelten. Letzteres bedeutete, dass in vielen besetzten Gebieten Menschen in ländlichen Regionen, auch wenn sie nicht in der Landwirtschaft beschäftigt waren, keine oder nur niedrige Rationen erhielten. Personen, die behördlich anerkannt »Schwer-« oder »Schwerstarbeit« verrichteten, bekamen vielfach Zuschläge. In Osteuropa traten weitere Kategorisierungen hinzu: Minderheitendeutsche erhielten höhere Rationen als die übrigen Einheimischen; Jüdinnen und Juden, sofern sie nicht als sogenannte »unnütze Esser« ganz ausgeschlossen wurden, fanden sich stets am untersten Ende wieder, mit Lebensmittelrationen, die ein Überleben nicht sicherstellten.[41] In anderen Worten: Wo nicht Menschen dem Verhungern preisgegeben wurden, kanalisierten Rationierungssysteme den Zugang zu Lebensmitteln. Die Rationierungen wiederum basierten auf den antisemitischen, rassistischen und utilitaristischen Hierarchisierungen der einheimischen Bevölkerung durch die deutschen Okkupanten. Über die eingangs genannten Opfergruppen hinaus waren somit grundsätzlich *alle* Angehörigen der Besatzungsgesellschaften des Zweiten Weltkriegs betroffen.

Besatzung veränderte den Alltag massiv. Die unzureichende Versorgung hatte vielfältige Auswirkungen: Geschwächte Menschen mussten immer längere Stunden arbeiten; zugleich nahm das Beschaffen von Grundnahrungsmitteln viele Stunden in Anspruch, war oft nur auf dem Weg des Tauschhandels oder über Schwarzmärkte zu bewerkstelligen. Hier wurden enorm hohe Preise aufgerufen, was der Verarmung Vorschub leistete. Zudem wurde der Einkauf auf Schwarzmärkten kriminalisiert und war damit für die hungrige Bevölkerung gefährlich, besonders wiederum im östlichen Europa. Auch galten vielfältige Mobilitätsrestriktionen, was die lebensnotwendigen Tauschfahrten erschwerte. Wer im besetzten Polen oder den okkupierten Gebieten der Sowjetunion ohne Passierscheine unterwegs war, galt als »bandenverdächtig« und lief Gefahr, verhaftet und erschossen zu werden.[42]

Auch wo die Versorgung nicht in lebensbedrohlicher Weise eingeschränkt war, ging sie mit moralischen Dilemmata einher: Sollte, wer sich bisher als rechtschaffene:r Bürger:in verstanden hatte, sich nun den Autoritäten widersetzen, weil die Kinder hungrig waren? Chancen auf Bereicherung durch Schwarzmarktgeschäfte realisieren? Versteckte jüdische Personen denunzie-

---

41 Tatjana Tönsmeyer, »Hungerökonomien. Vom Umgang mit der Mangelversorgung im besetzten Europa des Zweiten Weltkriegs«, in: *Historische Zeitschrift* 301 (2015), 3, S. 662–704, hier S. 669–673.
42 Ebd., S. 687–697.

ren und sich dafür mit einem Lebensmittelpaket »bezahlen« lassen?[43] Der kurze Aufriss zeigt, dass Besatzung in den Jahren des Zweiten Weltkriegs auch jenseits der bekannten Verbrechenskontexte und über sie hinaus das individuelle und soziale Leben der Besetzten massiv beeinträchtigte: in Form von Verarmung, Erschöpfung, schlechter Versorgung, durch das Anheizen von sozialen Spannungen, die nicht zuletzt den Neid auf diejenigen schürten, die sich unter diesen Bedingungen (vermeintlich oder tatsächlich) bereicherten, durch moralische Dilemmata, durch Sorgen, Ängste und Nöte.

Da die Männer der wehrfähigen Jahrgänge oft eingezogen waren, an den Fronten standen, in Gefangenschaft geraten oder gefallen waren, standen vor allem Frauen, Kinder, Jugendliche und alte Menschen vor den Herausforderungen und ethischen Dilemmata des täglichen Überlebens unter Besatzung. Abstrakter ausgedrückt: Besetzte Gesellschaften, besonders jene des Zweiten Weltkriegs, weisen gegenüber friedensmäßig verfassten Gesellschaften veränderte Geschlechter- und Generationenzusammensetzungen auf.[44] Nicht zuletzt sie standen unter erheblichem Druck, dem Jean-Paul Sartre beredt Ausdruck verliehen hat. Besatzung, so sinnierte er im November 1944, als Paris schon befreit, aber der Zweite Weltkrieg noch nicht zu Ende war, sei ein »verstecktes Gift«, das »Entmenschlichung« bewirke und »Versteinerung«. Oft sei sie gar »schrecklicher als Krieg«, weil die Menschen »in dieser zweideutigen Lage wirklich weder handeln noch nur denken« könnten.[45]

Das zentrale Beispiel der Lebensmittelversorgung zeigt, wie schwierig und zugleich unvermeidlich es für die Menschen war, das gewohnte Handeln, die Lebensroutinen unter Besatzung umzustellen, und wie schnell dabei ethische Dilemmata auftraten. Dabei war die Versorgung bei Weitem nicht die einzige Herausforderung für die Besetzten: Okkupation griff – und greift – grundsätzlich drastisch in Normalitätsverhältnisse ein. Die deutsche Besatzung während des Zweiten Weltkriegs veränderte die Arbeitsmärkte überall in Europa. Sie wurden auf die Bedürfnisse des Reichs ausgerichtet.

---

43 Beispiele bei Boris Zabarko, »*Nur wir haben überlebt*«. Holocaust in der Ukraine. Zeugnisse und Dokumente, Wittenberg 2004, S. 59; Shmuel Spector, *The Holocaust of Volhynian Jews 1941–1944*, Jerusalem 1990, S. 196; Tanja Penter, »Die lokale Gesellschaft im Donbass unter deutscher Okkupation 1941–1943«, in: Christoph Dieckmann / Babette Quinkert / Tatjana Tönsmeyer (Hg.), *Kooperation und Verbrechen*. Formen der »Kollaboration« im östlichen Europa 1939–1945, 2. Aufl., Göttingen 2005, S. 183–223, hier S. 195. Penter verweist darauf, dass solche Fälle nicht selten waren.

44 Tatjana Tönsmeyer, »Besatzungsgesellschaften. Begriffliche und konzeptionelle Überlegungen zur Erfahrungsgeschichte des Alltags unter deutscher Besatzung im Zweiten Weltkrieg«, in: *Docupedia-Zeitgeschichte*, 18. 12. 2015; online unter: http://docupedia.de/zg/toensmeyer_besatzungsgesellschaften_v1_de_2015 [11. 1. 2024].

45 Jean-Paul Sartre, *Paris unter der Besatzung*, übers. von Hanns Grössel, Reinbek bei Hamburg 1980, S. 52, S. 47 und S. 55.

Zerstörungen, Requirierungen und Einquartierungen führten zu einer umfassenden Krise auf dem Wohnungsmarkt.[46]

Versorgung, Arbeitsmarkt, Wohnsituation mögen besatzungstypische Auswirkungen sein, also nicht nur Begleiterscheinung der deutschen Okkupation im Zweiten Weltkrieg. Doch tritt in ihnen zugleich auch der Charakter des NS-Regimes deutlich zutage, zum Beispiel in gewaltsamen Verschleppungen zum Arbeitseinsatz[47] oder in den antislawisch motivierten Verschärfungen der Wohnungsnot durch den Abriss von Quartieren für die einheimische Bevölkerung, zum Beispiel in Belarus. Die Feldkommandantur in Minsk hatte schon im Juli 1941 davon gesprochen, die städtische Bevölkerung aufs Land »überführen« zu wollen. Dabei dachte sie an eine Unterbringung in »Primitivsiedlung[en] russischen Stils (Erdhütten)«.[48] Hinzu kamen Deportationen, Verschleppungen, der als »Bandenkampf« verbrämte Terror gegen die Zivilbevölkerung, die Shoah und weitere massenmörderische Gewaltzusammenhänge. Damit sind die antisemitisch und rassistisch motivierten Gewaltpolitiken der deutschen Besatzer nur in sehr groben Zügen beschrieben.[49] Das soll hier gleichwohl genügen, um zu unterstreichen, dass es angesichts des schieren Ausmaßes der Gewalt keine geschützten Räume, keine Optionen des Rückzugs gab. Dies galt für das östliche und südöstliche Europa von Beginn der Okkupation an und zeigte sich in der Zunahme der Gewalt auch im Westen des Kontinents, je stärker sich die Niederlage der Wehrmacht abzuzeichnen begann.

Dabei ist es wichtig zu verstehen, dass eine klare Trennungslinie zwischen betroffenen und nicht betroffenen Einheimischen kaum zu ziehen war. Zwei alltägliche Episoden mögen dies belegen: Alexandra Galkina, die während der deutschen Besatzung in Charkiv lebte, erinnert sich daran, wie deutsche Soldaten die Dienste ihrer Schwester Anna, einer Friseurin, einforderten: »Wie sie da ankamen, sogar in der Nacht. Um drei Uhr nachts klopfte es: ›Aufmachen! Wohnt hier Anna? Friseur, Friseur.‹ Mein Vater musste aufstehen: ›Steh auf, du, und du, steht auf.‹ Meine Mutter hielt die Kerze. Licht gab es ja keins. Mein Vater hielt die Kerze, und sie hat Haare geschnit-

---

46 Tatjana Tönsmeyer, *Unter deutscher Besatzung. Europa 1939–1945*, München 2024, insbes. Kap. 5 und Kap. 6.

47 Karsten Linne, »Struktur und Praxis der deutschen Arbeitsverwaltung im besetzten Polen und Serbien 1939–1944«, in: Dieter Pohl / Tanja Sebta (Hg.), *Zwangsarbeit in Hitlers Europa. Besatzung, Arbeit, Folgen*, Berlin 2013, S. 39–61; Swantje Greve, *Das »System Sauckel«. Der Generalbevollmächtigte für den Arbeitseinsatz und die Arbeitskräftepolitik in der besetzten Sowjetunion*, Göttingen 2019, S. 359–364.

48 Zit. nach Christian Gerlach, *Kalkulierte Morde. Die deutsche Wirtschafts- und Vernichtungspolitik in Weißrußland 1941–1944*, Hamburg 1999, S. 294; siehe auch ebd., S. 373–378 und S. 418–424.

49 Ausführlich dazu Dieter Pohl, *Nationalsozialistische Verbrechen 1939–1945*, Stuttgart 2022; oder Alex Kay, *Empire of Destruction. A History of Nazi Mass Killing*, New Haven, CT / London 2021.

ten.«⁵⁰ Einmal, die Schwester arbeitete zu dem Zeitpunkt in einem Frisiersalon, verstand sie die kryptische Anweisung eines Soldaten – er forderte: »Alles« – falsch und rasierte ihm den Schädel. Alexandra Galkina berichtet: »Als er in den Spiegel guckte, griff er nach der Pistole: ›Ich erschieße dich auf der Stelle. Was hast du gemacht?‹« Sie kommentiert: »Zwei Wochen ist sie nicht zur Arbeit gegangen, dann wurde seine Einheit abgezogen. Er hätte sie erschossen. So war das.«⁵¹

Aus dem französischen Jura berichtet Léon Werth die folgende Episode: »Marc U., Lastwagenfahrer der Fabrik, hält auf der Landstraße nach Bourg an. Nicht in der Mitte, aber doch recht weit vom Straßenrand entfernt. Ein Auto mit zwei deutschen Offizieren kommt von hinten. Es hält. Einer der Offiziere steigt aus, geht zu Marc U. und verpasst ihm eine Ohrfeige.«⁵² Beide Episoden sind so ungeheuerlich wie der Anlass banal: Ein Friseurbesuch, eine Situation im Straßenverkehr. Und beide zeigen, welchen Ermöglichungsraum von Gewalt Besatzung schuf, der – weil er genutzt werden konnte – die allgegenwärtige Unsicherheit verdeutlicht. Viel zu wenig berücksichtigt ist bisher, dass dies auch der Rahmen für sämtliche Versuche jüdischer Verfolgter, zu überleben, war und dass auch alle, die bereit waren, Hilfe zu leisten, dies unter den Rahmenbedingungen einer besetzten Gesellschaft taten.⁵³

So gehört bei allen generellen Unterschieden zwischen West- und Osteuropa die Unvorhersehbarkeit von Gewalt, mit der gerechnet werden musste, die Angst davor, die Sorge, dass sie einen nahestehenden Menschen treffen könnte, zum Kern der Erfahrungen europäischer besetzter Gesellschaften.

Besatzung als Entmündigung von Staatlichkeit

Zu den Besatzungserfahrungen gehörte darüber hinaus schließlich auch das bittere Erleben, dass kein Staat mehr da war, an den sich Menschen mit ihren Sorgen und Nöten wenden konnten. Besatzung lässt sich im Kern als Entmündigung von Staatlichkeit verstehen,⁵⁴ bedeutet sie doch die zeitweise Kontrolle des Territoriums eines Staates durch einen anderen (die

---

50 G., Alexandra, Interview za471, 17. 9. 2014, übers. von Lisa Majewskaja, in: *Interview-Archiv*; online unter: https://www.zwangsarbeit-archiv.de [11. 1. 2024].
51 Ebd.
52 Léon Werth, *Als die Zeit stillstand*. Tagebuch 1940–1944, übers. von Barbara Heber-Schärer und Tobias Scheffel, Tagebucheintrag vom 17. 1. 1943, Frankfurt am Main 2017, S. 508.
53 Tönsmeyer, *Unter deutscher Besatzung*, Kap. 9.
54 Stephan Leibfried / Michael Zürn, »Von der nationalen zur post-nationalen Konstellation«, in: dies. (Hg.), *Transformationen des Staates?*, Frankfurt am Main 2006, S. 19–65, hier S. 47.

gegebenenfalls durch Annexion auf Dauer gestellt wird).[55] Staatliche Institutionen vor allem der unteren und mittleren Ebenen, wie Stadt- und Bezirksverwaltungen oder Polizeien, bestanden zwar weiter, zum Teil mochten sogar die gleichen Personen noch »im Amt« sein, doch sie unterstanden nun deutschen militärischen oder zivilen Besatzungsinstanzen und nicht mehr souveränen Regierungen.

Zwar wissen wir, um erneut das Beispiel der Versorgung aufzurufen, dass in Frankreich Hausfrauen vor den Bürgermeisterämtern gegen niedrige Rationen protestierten[56] – was zum Beispiel in Polen oder Belarus kaum möglich, weil viel zu gefährlich gewesen wäre. Doch auch der verständnisvollste französische Bürgermeister hatte letztlich so gut wie keinen Handlungsspielraum, um die Situation zu ändern. Das wäre nur deutschen Stellen möglich gewesen, die daran jedoch höchstens ein punktuelles, aber kein grundsätzliches Interesse hatten. In anderen Worten: Die besetzten Gesellschaften des Zweiten Weltkriegs erlebten vielfältige Eingriffe in ihre Normalitätsverhältnisse, zu denen nicht zuletzt auch Ohnmachtsgefühle angesichts des Ausgeliefertseins gegenüber der Besatzungsmacht gehörten.

Weder war der Zweite Weltkrieg der einzige Besatzungskrieg, noch beschränkten sich die massiven Eingriffe in das Alltagsleben auf ihn. Die Schrecken des 30-jährigen Kriegs mit marodierenden Söldnern, die die einheimische Bevölkerung terrorisierten, blieben in Deutschland ähnlich wie die Napoleonischen Kriege in Spanien über lange Zeit Teil des kollektiven Gedächtnisses, um nur zwei Beispiele herauszugreifen.[57] Die verheerenden Folgen für die Zivilbevölkerung rühren daher, dass die Machtverhältnisse unter Besatzung, einer kriegsinduzierten Fremdherrschaft, stets hochgradig asymmetrisch sind. Sie geht mit der Entmündigung von Staatlichkeit einher, greift aber zumindest zum Teil auf die Institutionen des entmündigten Staates zurück, um ihre Herrschaft durchzusetzen – schon allein weil Besatzungsmächte ohne diesen Rückgriff personell selten in der Lage waren und sind, das militärisch unterworfene Gebiet zu verwalten. Aus der Perspektive der Besetzten bedeutet dies, mit der physischen wie regulativen Präsenz der Besatzer konfrontiert zu sein. Interaktion zwischen Besatzern und Besetzten, direkt oder vermittelt, war und ist somit vielfach unausweichlich – in einem hochgradig asymmetrischen Setting.[58]

Es sind diese Asymmetrien, die das Völkerrecht einzuhegen sucht. So datiert einer der entscheidenden Schübe der internationalen Verrechtlichung

---

55 David M. Edelstein, »Occupational Hazards. Why Military Occupations Succeed or Fail«, in: *International Security* 29 (2004), 1, S. 49–91. Siehe auch Peter M.R. Stirk, *A History of Military Occupation, 1792–1914*, Edinburgh 2016; sowie ders., *The Politics of Military Occupation*, Edinburgh 2009.
56 Lynne Taylor, *Between Resistance and Collaboration. Popular Protest in Northern France, 1940–1945*, London 2000, S. 98–104.
57 Judt, *Geschichte Europas von 1945 bis zur Gegenwart*, S. 30.
58 Tönsmeyer, »Besatzungsgesellschaften«.

von Besatzung ins 19. Jahrhundert, als im Zeitalter von Massenheeren und wachsender politischer Partizipation verstärkt Fragen diskutiert wurden, wer sich mit welchen Mitteln legitim gegen eine Okkupation zur Wehr setzen durfte. Tatsächlich drehten sich die Diskussionen auf der Brüsseler Kriegsrechtskonferenz von 1874 nicht zuletzt um die Rechte der Besatzungsmacht.[59] Es waren dann die sogenannten Haager Abkommen, vor allem das IV. Haager Abkommen von 1907 und die in seinem Anhang aufgeführte Haager Landkriegsordnung, die auch die Ausübung militärischer Gewalt in besetztem Gebiet regelte und dabei Pflichten der Besatzer adressierte. Für sie galt: Die »Ehre und die Rechte der Familie, das Leben der Bürger und das Privateigentum sowie die religiösen Überzeugungen und gottesdienstlichen Handlungen sollen geachtet werden«.[60]

Diese Regelungen erfuhren nach den Erfahrungen des Zweiten Weltkriegs und der deutschen Besatzungspraxis eine weitere Konkretisierung und Ausgestaltung. So verankerten die Vereinten Nationen ein striktes, völkerrechtlich bindendes Gewalt- und Interventionsverbot in ihrer Charta. Damit wurde, unter Beibehaltung des weiterhin geltenden Selbstverteidigungsrechts, die Androhung oder Anwendung von Gewalt in den internationalen Beziehungen ebenso untersagt wie das Eingreifen in die inneren Angelegenheiten eines souveränen Staates.[61] Zusätzlich legte das IV. Genfer Abkommen 1949 im Artikel 47 fest, dass Besatzung infolge eines Krieges den Rechtsstatus der einheimischen Bevölkerung des betreffenden Gebietes in keiner Weise ändere. Explizit untersagt sind zum Beispiel Einzel- oder Massenzwangsverschleppungen oder die Zerstörung von Vermögen.[62]

Interessant in diesem Zusammenhang ist, dass Raphael Lemkin, der Vater des Genozid-Begriffs, diesen schon im Titel seines 1944 erschienenen Buches *Axis Rule in Occupied Europe. Laws of Occupation, Analysis of Government Proposals for Redress* an jenen der Besatzung band. Lemkin argumentierte: »The picture of coordinated German techniques of occupation must lead to the conclusion that the German occupant has embarked upon a gigantic scheme to change, in favor of Germany, the balance of biological forces between it and the captive nations for many years to come.«[63] Direkt daraus leitete er ab: »Genocide is effected through a synchronized attack on

---

59 Günther Kronenbitter / Markus Pöhlmann / Dierk Walter, »Einleitung«, in: dies. (Hg.), *Besatzung. Funktion und Gestalt militärischer Fremdherrschaft von der Antike bis zum 20. Jahrhundert*, Paderborn 2006, S. 11–21, hier S. 17.

60 So die Formulierung in Art. 46 des Abkommens betreffend die Gesetze und Gebräuche des Landkriegs, abgeschlossen in Den Haag am 18. Oktober 1907; online unter: https://www.fedlex.admin.ch/eli/cc/26/429_338_411/de [11.1.2024].

61 Siehe https://unric.org/de/wp-content/uploads/sites/4/2022/10/charta.pdf [11.1.2024].

62 Stephan Hobe, *Einführung in das Völkerrecht* [1975], 10. Aufl., Tübingen 2020, S. 466 und S. 488 f. Siehe auch Theodor Meron, »The Humanization of Humanitarian Law«, in: *American Journal of International Law* 94 (2000), 2, S. 239–278, hier S. 239 und S. 245.

63 Raphael Lemkin, *Axis Rule in Occupied Europe. Laws of Occupation, Analysis of Government Proposals for Redress*, Washington, D.C. 1944, S. XI.

different aspects of life of the captive peoples.«[64] Es liegt in dieser Logik, dass Lemkin Angriffskriege verdammte: Ohne Angriffskriege keine Besatzung und somit kein Rahmen für genozidale Verbrechen.[65]

Raphael Lemkin, der sich des umfassenden Leids besetzter Gesellschaften und der lang andauernden Folgen von Okkupation auch über das unmittelbare Gewalthandeln hinaus bewusst war,[66] ist jedoch nicht als Besatzungstheoretiker in die Wissen(schaft)sgeschichte eingegangen, sondern weil er den Genozid-Begriff prägte und den Gesetzentwurf zur Bestrafung von Völkermord erarbeitete.[67] Und trotz der klaren völkerrechtlichen Einschränkungen militärischer Interventionen gab es auch in den Folgejahren ein juristisches Nachdenken über robuste Möglichkeiten des internationalen Menschenrechtsschutzes.[68] Doch erst das Ende des Kalten Kriegs und die Hoffnung auf eine neue kooperative Weltordnung ließ in den 1990er-Jahren ein Mehr an Verantwortlichkeit bei eklatanten humanitären Notlagen möglich erscheinen. Damit einher ging eine Aufweichung des in der UN-Charta festgelegten Nichtinterventionsgebots.[69]

Denkt man etwa an das militärische Eingreifen der USA in Panama 1989, die Koalition gegen Saddam Hussein 1991, Somalia 1993, Bosnien 1994, Kosovo 1999, Afghanistan 2001, Irak 2003, Libyen 2011 oder gegen den IS 2015 sowie an die russischen Interventionen in Georgien 2008, der Ukraine 2014 und 2022 oder das saudische Eingreifen im Jemen 2015, so ist seither vielfach militärisch interveniert worden; tatsächlich wohl in keiner anderen Phase der jüngeren Geschichte so oft wie im späten 20. und frühen 21. Jahrhundert. Die vergangenen Dekaden sind daher dabei, »als Zeitalter militärischer Interventionen in die Geschichtsbücher« einzugehen.[70]

Nicht endgültig beantwortet ist in diesem Zusammenhang unter anderem die Frage, ab welchem Punkt die Staatengemeinschaft Ereignisse innerhalb staatlicher Grenzen als allgemeine Bedrohung der globalen Sicherheit definiert.[71] Hinzu kommt, dass in vielen Fällen zwar die militärischen Aktio-

---

64 Ebd.
65 Ebd., S. XIII.
66 So sprach er davon, dass Besatzung unter anderem auch »morale debasement« bedeute und fürchtete: »Despite the bombings of Germany, this German superiority will be fully evident after hostilities have ceased and for many years to follow, when, due to the present disastrous state of nourishment and health in the occupied countries, we shall see in such countries a stunted post-war generation, survivors of the ill-fed children of these war years.« Ebd., S. XII und S. XI.
67 Philippe Sands, *East West Street. On the Origins of »Genocide« and »Crimes against Humanity«*, New York 2017.
68 Fabian Klose, »*In the Cause of Humanity*«. Eine Geschichte der humanitären Intervention im langen 19. Jahrhundert, Göttingen 2019, S. 429–437.
69 Hubert Zimmermann, *Militärische Missionen. Rechtfertigung bewaffneter Auslandseinsätze in Geschichte und Gegenwart*, Hamburg 2023, S. 106.
70 Carlo Masala, *Weltunordnung. Die globalen Krisen und die Illusionen des Westens*, München 2022, S. 32.
71 Zimmermann, *Militärische Missionen*, S. 108.

nen im Rahmen der Einsätze detailliert geplant sind, die Vorbereitung der Truppen, die nach dem Ende von Kämpfen Aufgaben »vor Ort« übernehmen, jedoch oft genug unzureichend ist. Gerade wenn es um eine Besatzung gehe, herrsche vielfach regelrecht »Ratlosigkeit«.[72] Diese betrifft vor allem den Umgang mit der Zivilbevölkerung. In bemerkenswerter Klarheit hält dies zum Beispiel der Chilcot-Bericht fest. Auch als *Iraq Inquiry* bekannt, fasste er 2016 die Ergebnisse der vom damaligen britischen Premierminister Gordon Brown 2009 eingesetzten Untersuchungskommission zur Rolle Großbritanniens im Irakkrieg zusammen.[73]

Unter der Prämisse, dass die Postkonfliktphase in jenem Moment beginnt, in dem die Koalitionstruppen begannen, irakisches Territorium zu besetzen, hält der Bericht für die unter britischer Zuständigkeit stehenden südirakischen Gebiete fest: »When that transition began there had been no systematic analysis of the UK's military or civilian capacity to fulfil its likely obligations in the South in a range of different circumstances, including in a hostile security environment with low levels of Iraqi consent.«[74] Zu Basra heißt es weiter:

> [T]he formal authorisation for action in Iraq [...] issued by Admiral Sir Michael Boyce, Chief of the Defence Staff, on 18 March contained no instruction on how to establish a safe and secure environment if lawlessness broke out as anticipated. Although it was known that Phase IV (the military term for post-conflict operations [d. h. für die Besatzung]) would begin quickly, no Rules of Engagement for that phase, including for dealing with lawlessness, were created and promulgated before UK troops entered the country.[75]

Diese Befunde sind nicht zuletzt deswegen brisant, weil die Planungen von der »Erwartung einer wachsenden öffentlichen Zustimmung« zur Anwesenheit der Koalitionstruppen im Süden des Landes ausgingen, allerdings auch darlegten, dass diese unter anderem von einer Verbesserung der Lebensqualität für die irakische Bevölkerung abhingen.[76] Tatsächlich jedoch kam es in Basra zu Plünderungen. Da es keine Anweisungen gab, wie mit solchen Vorkommnissen umzugehen sei, hält der Bericht in beeindruckender Nüchternheit fest:

> Faced with widespread looting after the invasion, and without instructions, UK commanders had to make their own judgements about what to do. Brigadier Graham Binns, commanding 7 Armoured Brigade

---

72 Kronenbitter/Pöhlmann/Walter, »Einleitung«, S. 11 f.
73 The Iraq Inquiry; online unter: https://webarchive.nationalarchives.gov.uk/ukgwa/20171123123237/http://www.iraqinquiry.org.uk// [11. 1. 2024].
74 Ebd., Section 8, S. 90.
75 Ebd., Section 9.8, S. 473.
76 Ebd., Section 8, S. 94.

which had taken Basra City, told the Inquiry that he had concluded that »the best way to stop looting was just to get to a point where there was nothing left to loot«.[77]

Auch die USA waren nicht besser vorbereitet, auch hier war das *post-war planning* bestenfalls unzureichend und beruhte auf allzu optimistischen Annahmen, wollten die USA doch vor allem »Befreier«, nicht »Besatzer« sein. Berichte der beteiligten Militärs halten fest, dass nicht zuletzt die Tatsache, dass nicht schon früh der Besatzungsstatus verhängt worden sei, zur weitverbreiteten Anarchie nach dem Fall von Bagdad beigetragen habe.[78] Dies wirkte sich delegitimierend auf die Arrangements für die Post-Conflict- und Statebuilding-through-Foreign-Occupation-Phase aus, sei es mit Blick auf die irakischen Sicherheitskräfte, sei es für die Entmachtung der Staatspartei Baath oder den Ausschluss irakischer Technokraten mit profunden Kenntnissen örtlicher Gegebenheiten.[79] Besatzung zeigt sich hier wieder einmal als Entmündigung von Staatlichkeit, zugleich werden die Schwierigkeiten ihrer Reetablierung sichtbar. Über den Irak hinaus, so argumentiert Tanisha Fazal, US-amerikanische Politikwissenschaftlerin, lege die US-Besatzung des Irak »a possible return to a world of conquest«[80] nahe.

Ausblick

So hoch die Zahl der Interventionen seit den 1990er-Jahren war: Eine Lösung der zugrunde liegenden Konflikte haben sie in der Summe nicht bewirken können. Doch die Art und Weise, wie die USA und ihre Verbündeten militärische Interventionen durchgeführt haben, hat in vielen Weltregionen die Gegnerschaft zur Politik des ›Westens‹ wachsen lassen und regionale Instabilitäten befördert.[81] Beschrieben werden die Interventionen zumeist in politikwissenschaftlichen Vokabularen, in denen Fragen des *right to protect*, nach *conflict management*, *peace-keeping* und *statebuilding*, nach *transition* im Allgemeinen und den Möglichkeiten einer *transitional justice* im Besonderen wie auch der Narrationen und der Resilienz ihren festen Platz haben.[82]

77 Ebd., Section 9.8, S. 473.
78 Tanisha M. Fazal, *State Death. The Politics and Geography of Conquest, Occupation, and Annexation*, Princeton, NJ / Oxford 2007, S. 236 f. Siehe auch Hauke Feickert, *Westliche Interventionen im Irak. Die britische Irakpolitik (1914–1922) und die amerikanische Irakpolitik (2003–2009) im Vergleich*, Wiesbaden 2012.
79 Siehe jüngst dazu Shamiran Mako / Alistair D. Edgar, »Evaluating the Pitfalls of External Statebuilding in Post-2003 Iraq (2003–2021)«; in: *Journal of Intervention and Statebuilding* 15 (2021), 4, S. 425–440; und die weiteren Beiträge des Themenheftes.
80 Fazal, *State Death*, S. 232.
81 Masala, *Weltunordnung*, S. 32.
82 Dies zeigt ein Blick in die einschlägige Literatur, siehe etwa als Beispiel die in Fußnote 79 erwähnten Beiträge des *Journal of Intervention and Statebuilding*.

Demgegenüber bleibt Besatzung untertheoretisiert, auch in ihrer Abgrenzung zur Intervention, und vielfach, auch aufgrund der beschriebenen Aufmerksamkeitskonjunkturen – Wann etwa schafft es Georgien in die Medien, obwohl rund 20 Prozent des Landes besetzt sind?[83] – unberücksichtigt.

Zudem wird Okkupation oft primär als militärischer Prozess verstanden. Doch nicht zuletzt die Beispiele dieses Hefts verdeutlichen, dass die Reduktion auf das Militärische zu kurz greift und Besatzung gesellschaftliche Auswirkungen hat. Dies zeigt, in chronologischer Reihenfolge, zunächst der Beitrag von Sibel Koç, die sich der alliierten Besatzung Istanbuls nach dem Ersten Weltkrieg widmet. In der deutschen und englischsprachigen Forschung bisher wenig berücksichtigt, kann sie zeigen, dass besatzungspolitische Maßnahmen, zum Beispiel Beschlagnahmungen von Eigentum muslimischer Besitzer oder die Übertragung von Polizeigewalt an nicht muslimische Angehörige der Stadtgesellschaften, zeitgenössisch als nationale Kränkung aufgefasst worden sind. Zugleich hat jenes unter Besatzung geprägte Bild des ›Ausländers‹ bis in die Gegenwart überdauert, sodass der türkische Präsident Erdoğan darauf rekurrieren kann, wenn er vor einheimischem Publikum vom ›Westen‹ Anerkennung und Gleichstellung einfordert.

Ein weiterer Beitrag gilt dem besetzten Charkiv der Jahre 1941 bis 1943. Die im Osten der Ukraine gelegene Stadt (damals wie heute in der Nähe der Front), nimmt Gelinada Grinchenko als Fallbeispiel, um mithilfe von Oral-History-Interviews spezifisch weibliche Überlebenspraktiken während der Besatzung zu untersuchen und über die Besonderheiten weiblichen Erzählens vom Überleben zu reflektieren. Dabei kann sie zum Beispiel zeigen, dass der Einschnitt, den Besatzung in die Normalitätsverhältnisse der Betroffenen bedeutete, sich auch in ihren Erzählweisen und den verwendeten sprachlichen Bildern widerspiegelte. Gemeinsam mit dem Beitrag von Sibel Koç, bei allen geografischen und zeitlichen Unterschieden, sind somit mit der Besatzung verbundene Phänomene der langen Dauer der Erinnerung.

Welche Erinnerung sich mit der aktuellen russischen Besatzung ukrainischer Gebiete verbinden wird, ist noch nicht absehbar. In ihrem Essay, der sich verschiedenen Formen von Besatzung widmet, verdeutlicht Katerina Sergatskova jedoch, wie gefährlich ein Leben unter russischer Besatzung ist und vor welche praktischen Herausforderungen, moralischen Dilemmata und vielfach lebensgefährlichen Situationen es die Betroffenen stellt. Besatzung sei »wie eine Flutwelle«, so schreibt sie, die Spuren hinterlasse, die »nicht mehr zu beseitigen sind«. Insofern verändere sie »einen Menschen für immer«.

Florian P. Kühn untersucht, wie die sicherheitspolitische Intervention in Afghanistan allmählich besatzungsähnliche Züge annahm, und analysiert

---

83 Marcel H. van Herpen, *Putin's Wars*. The Rise of Russia's New Imperialism, Lanham 2015, S. 205–235.

zugleich die Unterschiede zwischen einer Intervention mit internationalem Mandat und einem Besatzungsregime. Über zwanzig Jahre waren die Niederlande am Einsatz in Afghanistan beteiligt. Inzwischen hat die wissenschaftliche Aufarbeitung der ›Mission‹ begonnen. Thijs Bouwknegt, der Leiter des Projekts »Die Niederlande und Afghanistan 2001–2021«, berichtet im Gespräch über die Ziele und die Schwierigkeiten des Vorhabens. Er erläutert, wie die niederländische Beteiligung gerechtfertigt wurde und warum es wichtig ist, der Frage »Haben wir das Richtige getan?« nicht auszuweichen.

Nicht zuletzt zeigen die Beiträge, dass die Interaktion zwischen Besatzern und Besetzten vielfach unausweichlich ist, was oft genug den Vorwurf der Kollaboration nach sich zieht, obwohl der Begriff analytisch wenig brauchbar ist.[84] Auch in Interventionssituationen ist das Empfinden von Besetztsein in der politischen Rhetorik und im Erleben häufig weitverbreitet. Je länger etwa US-amerikanische Truppen im Irak und die von der NATO geführten Truppen (und zuvor sowjetische) in Afghanistan waren, umso größer wurde dort der Widerstand.[85] Dies hat auch damit zu tun, dass die massive Asymmetrie, die Besatzung grundsätzlich bedeutet, und die mit ihr einhergehende Entmachtung einheimischer Staatlichkeit auf Dauer vielfach Ablehnung erzeugt – umso mehr, wenn die Legitimationsdiskurse westlicher Interventionsmächte den Gegner dämonisieren und die Zivilbevölkerung als dessen hilflose Opfer darstellen, die durch uneigennützige Militäreinsätze gerettet werden müssen.[86]

Während ich diesen Text schreibe, nimmt Israel sein Selbstverteidigungsrecht wahr und bekämpft die Terrororganisation Hamas nach deren unfassbar brutalem Massaker am 7. Oktober 2023 militärisch. Unklar ist bislang noch, was danach, nach der beabsichtigten Zerschlagung der Hamas, passieren soll. Jüngst forderten Schimon Stein, von 2001 bis 2007 israelischer Botschafter in Berlin, und Moshe Zimmermann, Historiker an der Hebräischen Universität in Jerusalem, es sei »das Gebot der Stunde«, sich »für die Zweistaatenlösung einzusetzen«. Denn nur so lasse sich »der demokratische und jüdische Charakter Israels wie auch der Prozess der regio-

---

84 In der englischsprachigen Literatur mag der Begriff *collaboration* neutral erscheinen, findet sich doch in vielfältigen Zusammenhängen, nicht zuletzt dem der *academic collaboration*, Verwendung. Tatsächlich handelt es sich bei dem Begriff der Kollaboration um einen in vielfältiger Weise rechtlich und moralisch imprägnierten Begriff, der eine verräterische Zusammenarbeit mit dem Feind zum Schaden des kollektiven Wir der Nation meint. Ausführlich zur Geschichte des Begriffs und zu seinen analytischen Begrenzungen vgl. Tönsmeyer, »Besatzungsgesellschaften«.

85 Zimmermann, *Militärische Missionen*, S. 111; Masala, *Weltunordnung*, S. 36 f.; Sönke Neitzel, *Deutsche Krieger*. Vom Kaiserreich zur Berliner Republik – eine Militärgeschichte, Berlin 2020, S. 489 f.; Roderic Braithwaite, *Afghantsy*. The Russians in Afghanistan, 1979–1989, Oxford 2011.

86 Zimmermann, *Militärische Missionen*, S. 118.

nalen Normalisierung [...] retten«.[87] Zweistaatenlösung aber hieße, sich nicht nur mit Gaza, sondern auch mit dem besetzten Westjordanland[88] zu befassen.

Besatzung ist ein ebenso akutes wie (zu) oft vernachlässigtes Thema, nicht nur der Vergangenheit, sondern auch der Gegenwart. Es weist eine Vielzahl von Ausprägungen auf, die sich untereinander zum Teil beträchtlich unterscheiden. Besatzung lässt sich schwerer in die gängigen Diskurse einschreiben als humanitäre Interventionen, die in der Sprache der Menschenrechte verhandelt und mit dem Versprechen positiver Gestaltung legitimiert werden. Doch die gesellschaftlichen Konsequenzen von militärischem Handeln in stark asymmetrischen Settings werden die Weltgemeinschaft auch weiterhin beschäftigen. Das gilt umso mehr in einer Welt, deren Sicherheitsordnung mit dem umfassenden russischen Angriff auf die Ukraine 2022 grundsätzlich infrage gestellt worden ist, weil hier eine Atommacht trotz bestehender Sicherheitsgarantien die souveräne Ukraine angegriffen, deren Staatlichkeit durch Besatzung entmündigt und durch Annexion – zumindest bis auf Weiteres – in einigen Regionen beendet hat.

Tatjana Tönsmeyer ist Professorin für Neuere und Neueste Geschichte an der Universität Wuppertal.
toensmeyer@uni-wuppertal.de

---

87 So ein Meinungsbeitrag im *Tagesspiegel*, 31.10.2023.
88 Zur Einführung siehe Muriel Asseburg, *Palästina und die Palästinenser*. Eine Geschichte von der Nakba bis zur Gegenwart, München 2021, insbes. S. 86–95 und S. 240 f. Zur ersten Dekade siehe Omri Shafer Raviv, »Studying an Occupied Society. Social Research, Modernization Theory and the Early Israeli Occupation«, in: *Journal of Contemporary History* 55 (2020), 1, S. 161–181. Zur juristischen Perspektive vgl. Yaël Ronen, »A Century of the Law of Occupation«, in: *Yearbook of International Humanitarian Law* 17 (2014), S. 169–187.

Gelinada Grinchenko

»Sehr schwer ist es gewesen, und doch haben wir irgendwie überlebt.«

Das Alltagsleben im besetzten Charkiv in mündlichen Schilderungen von Bewohnerinnen der Stadt

Der vorliegende Artikel ist Teil meiner Forschungsarbeiten zum Zweiten Weltkrieg, der eine außergewöhnlich komplizierte und tragische Periode in der Geschichte meiner ukrainischen Heimatstadt Charkiv darstellt. Das Hauptaugenmerk meiner Untersuchungen liegt auf der Besatzungszeit, die mit einer kurzen Unterbrechung vom Herbst 1941 bis zum Sommer 1943 dauerte und sich somit über 21 Monate erstreckte. Die Protagonistinnen meiner Untersuchungen sind Einwohnerinnen von Charkiv, die die Besatzungszeit überwiegend als Kinder oder Jugendliche miterlebt haben und viele Jahre nach Kriegsende ihre Erfahrungen schildern.

Gegenstand des Artikels ist das Alltagsleben in Charkiv, an das sich die Frauen erinnern und über das sie erzählen. Während der Besatzung machten sie zwei Drittel der Stadtbevölkerung aus, sie hatten die Hauptlasten der Besatzung zu tragen: Unter neuen, fremden und oftmals unerträglichen Bedingungen mussten sie das Überleben bewerkstelligen. Zwei Aspekte in ihren Erinnerungen sind für meine Untersuchungen maßgeblich: die von ihnen geschilderten Alltagsgegebenheiten und die Form des heutigen Erzählens darüber. Es geht also um spezifisch weibliche Überlebenspraktiken während der Besatzung und um die Besonderheiten weiblichen Erzählens davon. Im vorliegenden Artikel analysiere ich – aus der Gender-Perspektive – verschiedene mündliche Erzählungen,[1] die nach dem Zerfall der Sowjetunion in mehreren großen Oral-History-Projekten aufgezeichnet wurden.[2]

---

1 Mit Formulierungen wie mündliche Erzählung, mündliche Geschichte, mündliche Schilderung etc. sind Interviews gemeint, die nach der Methode der Oral History aufgezeichnet wurden.

2 Für die Untersuchung nutze ich meine private Sammlung mündlicher Erzählungen, die ich seit 1999 zusammentrage, sowie Materialien aus drei umfangreichen Oral-History-Beständen: das Visual History Archive at USC; online unter: https://vha.usc.edu/home [28.11.2023], das Interviewarchiv des Online-Portals Zwangsarbeit 1939 bis 1945: Erinnerungen und Geschichte; online unter https://www.zwangsarbeit-archiv.de [28.11.2023] sowie die Sammlung aus dem Projekt Holosy. Svidčennja pro Holokost v Ukrajini (Stimmen. Zeugnisse über den Holocaust in der Ukraine), die das Holocaust-Gedenkzentrum Babyn Jar (HGBJ) zwischen 2018 und 2022 zusammengetragen hat. Aufgrund des Krieges Russlands gegen die Ukraine ist die Archivierung dieser Sammlung noch nicht abgeschlossen. Daher enthalten die Artikel nur Daten über die Zeit der Interviewaufnahme.

Vorüberlegung: Die Oral-History-Theorie und die Formulierung der Forschungsfrage

Die Arbeit mit mündlichen Erzählungen sehe ich als eine Aufgabe der interdisziplinären Forschung, die »größtenteils komplementär strukturiert ist. Die verschiedenen Analyseverfahren erweisen sich als wechselseitige Ergänzungen, indem sie unterschiedliche Fragen, die an die Texte herangetragen werden können, zu beantworten versuchen.«[3] Diese Komplementarität ergibt sich aus dem Verständnis mündlichen Erzählens einer Geschichte als Handlung, die darauf gerichtet ist, simultan Inhalt auf mehreren Ebenen zu erzeugen. Zentral ist dabei die dynamische Wechselwirkung zwischen dem sich erinnernden Subjekt und dem Geschehnis, das sich ereignet hat und in der historischen Vergangenheit ›verblieben‹ ist, sowie zwischen demselben Subjekt und dem Geschehnis, das erinnert und in der mündlichen Erzählung in der Gegenwart rekonstruiert wird. Zwischen diesen beiden Ebenen – dem Ereignis, das sich zugetragen hat, und dem Moment, in dem es erinnert wird – liegt die dritte und nicht weniger wichtige Ebene der Formierung und Aneignung offizieller Interpretationen, die den Inhalt der mündlichen Erzählung maßgeblich beeinflussen. Diese Ebenen sind nicht starr und festgelegt, sondern veränderlich und beweglich, denn »as performance contexts change, as we discover new audiences, and as we renegotiate our sense of self, our narratives will also change«.[4]

Sich den komplementären Charakter der während des Interviews entstehenden oralhistorischen Zeugnisse zu vergegenwärtigen, verhindert, dass wir in eine der beiden am weitesten verbreiteten Extrempositionen verfallen. Die erste betrachtet mündliche Erzählungen ausschließlich als Quellen von Fakten, die die Rekonstruktion der historischen Vergangenheit, »wie sie wirklich gewesen ist«, ermöglichen sollen. In der postsowjetischen Geschichtsschreibung nutzte man mündliche Erzählungen typischerweise während des ersten Jahrzehnts nach der Herausbildung der souveränen Staaten, als sich die Forschung maßgeblich darauf konzentrierte, die ›weißen Flecken‹ und ›dunklen Seiten‹ der sowjetischen Vergangenheit vornehmlich mithilfe mündlicher Erzählungen zu tilgen respektive zu erhellen. Fasziniert von der Suche nach der ›historischen Wahrheit‹ ignorierten die Forschenden in diesen Jahren bedauerlicherweise den subjektiven Charakter münd-

---

3 Ulrike Jureit, *Erinnerungsmuster*. Zur Methodik lebensgeschichtlicher Interviews mit Überlebenden der Konzentrations- und Vernichtungslager, Hamburg 1999, S. 109.
4 Katherine Borland, »›That's Not What I Said‹. Interpretative Conflict in Oral Narrative Research«, in: Sherna Berger Gluck / Daphne Patai (Hg.), *Women's Words*. The Feminist Practice of Oral History, New York 1991, S. 63–76, hier S. 63.

licher Zeugnisse und blendeten das vielfältige interpretative Potenzial der erzählten Geschichten zumeist aus.⁵

Am anderen Ende der Skala von Argumenten darüber, was mündliche Zeugnisse für die historische Forschung leisten können, ist eine Form von Skepsis angesiedelt. Sie speist sich aus dem Verständnis von Oral History nicht als Quelle dafür, »wie etwas gewesen ist, sondern wie etwas von heute aus als vergangenes Ereignis wahrgenommen wird«.⁶ So behauptet etwa Harald Welzer in seinen Überlegungen zum Wesen und Erklärungspotenzial von mündlichen Erinnerungen, Erinnerungen an Ereignisse und Erlebnisse, die eine Person in einem Interview schildert, rekonstruierten nicht die Ereignisse und Erlebnisse selbst, die in der historischen Vergangenheit stattgefunden haben und erfahren wurden. Der Forschende, insistiert Welzer, müsse verstehen, dass die Schilderungen der Zeitzeug:innen Konstruktionen seien, die sich am Adressaten orientierten und in denen die biografische Erfahrung jedes Mal – abhängig von der sozialen und emotionalen Bedeutung, den narrativen und normativen Anforderungen und später auch vom erworbenen Wissen – neu konfiguriert und anders präsentiert werde. »Eine biografische Erzählung ist«, so Welzer, »viel eher bestimmt durch die normativen Anforderungen und kulturellen Kriterien für eine gute Geschichte einerseits und die Bedingungen ihrer Performanz andererseits als durch so etwas wie täglich gelebtes Leben.«⁷

Ich berücksichtige die Argumente beider Pole und nehme wie die meisten anderen Forschenden, die mit oralhistorischen Interviews arbeiten, eine Zwischenposition ein, infolgedessen betrachte ich das oralhistorische Interview als eine Konstruktion, die der Erzählende entwirft: mithilfe von Daten aus seiner eigenen biografischen Vergangenheit in Verbindung mit realen Ereignissen der historischen Vergangenheit, aber auch unter Einbezug kultureller Rahmen und Erinnerungsmuster, die die Gesellschaft im Laufe seines Lebens bereitgestellt hat und bereitstellt. Diese inhaltskonstituierende doppelte Referenz der mündlichen Erzählung – Rekonstruktion vergangener Ereignisse unter den soziokulturellen Bedingungen der Gegenwart – führt wiederum zu zwei maßgeblichen Analyseansätzen: zum rekonstruierenden und zum narrativen Ansatz.⁸ Verallgemeinert gesagt geht es beim rekonstruierenden Ansatz in erster Linie um bestimmte Informationen, Nach-

---

5 Zur Entwicklung der mündlichen Erzählung in der postsowjetischen Ukraine vgl. Gelinada Grinchenko, »Oral History in der Ukraine: Institutionalisierung, Forschungsthematik, akademische Anerkennung«, in: *Bios. Zeitschrift für Biographieforschung, Oral History und Lebensverlaufsanalysen* 26 (2013), 2, S. 258–269.
6 Harald Welzer, »Das Interview als Artefakt. Zur Kritik der Zeitzeugenforschung«, in: *Bios. Zeitschrift für Biographieforschung, Oral History und Lebensverlaufsanalysen* 13 (2000), 1, S. 51–63, hier S. 61.
7 Ebd., S. 55.
8 Ausführlich vgl. Paul Thompson / Joanna Bornat, *The Voice of the Past*. Oral History, Oxford 2017.

richten und Fakten der historischen Vergangenheit, während der narrative Ansatz Anwendung findet, wenn die Erzählung hinsichtlich der Umsetzung bestimmter Gedanken, Intensionen und Bestrebungen des Autors, Geschichten aus seinem Leben oder einem bestimmten Lebensabschnitt zu konstruieren und zu präsentieren, untersucht werden soll. Neben den Informationen über die vergangenen Ereignisse enthält jede Erzählung auch eine unendliche Fülle an Empfindungen, Wertungen, Interpretationen, Projektionen und Selbstpräsentationen des Erzählenden, der als lebende Person mit eigenen Erfahrungen, Vorlieben, Hoffnungen, realisierten und gescheiterten Plänen und Wünschen und vor allem mit einer eigenen Sicht auf alles, was sich im Leben ereignet (oder nicht ereignet) hat, in Erscheinung tritt.

Ausgehend vom oben Gesagten analysiere ich die Interviews und deren Entstehungsbedingungen, also bestimmte Kontexte, die den Inhalt und die Struktur der mündlichen Erzählungen beeinflusst haben. Zu diesen Kontexten gehören folgende, bereits eingangs erwähnte Aspekte: (a) das unmittelbare historische Ereignis, auf das sich die Erzählung bezieht, (b) die offiziellen geschichtlichen Interpretationen und die offizielle gesellschaftliche Erinnerung an das Ereignis, die sich der Erzähler im Zeitraum zwischen dem Ereignis und der Aufzeichnung der mündlichen Erzählung angeeignet hat, und (c) verschiedene Repräsentationsformen des untersuchten Ereignisses, die während der Interviewaufzeichnungen im öffentlichen Raum zirkulierten, sowie der allgemeine soziokulturelle Kontext der Konstruktion eines oralhistorischen Zeugnisses unter Berücksichtigung der Normen, Regeln und in der jeweiligen Gesellschaft üblichen Kommunikationsmuster, aber auch der individuellen Eigenschaften, Einstellungen und Vorlieben beider Interviewpartner.9

Für die vorliegende Untersuchung von mündlichen Erzählungen von Frauen und zu Frauen, die unter der Besatzung gelebt haben, bilden die Alltagsgeschichte der deutschen Besatzung von Charkiv in den Jahren 1941 bis 1943, die sowjetische Version der Erinnerung an den Krieg und die Besatzung des Landes und der Stadt sowie die Aktualisierung der Untersuchungen und die Rekonstruktion der Erinnerung zur Besatzung in der unabhängigen Ukraine die Kontexte. Im ersten Abschnitt des Aufsatzes wird ein kurzer Überblick über die einzelnen Kontexte gegeben.

Für die Untersuchung der mündlichen Erzählungen der Frauen habe ich ein Set an narrativen Ansätzen zusammengestellt, mit denen ich folgende zwei Hauptfragen beantworten möchte: Wie sahen die alltäglichen Kommunikations- und Überlebenspraktiken der Frauen in einer besetzten Großstadt

---

9 Ausführlicher zum narrativen Ansatz der Analyse mündlicher Erzählungen siehe u. a. Catherine Kohler Riessman, *Narrative Analysis*, Newbury Park, CA 1993; Mary Chamberlain / Paul Thompson (Hg.), *Narrative and Genre*, London 1997; Jaber F. Gubrium / James A. Holstein (Hg.), *Handbook of Interview Research*. Context & Method, Los Angeles, CA 2002.

aus und welche Besonderheiten heutigen weiblichen Erzählens über die Besatzung lassen sich feststellen? Auf diese Fragen geht der Artikel im zweiten und dritten Abschnitt gendertheoretisch ein. Die weiblichen Überlebensstrategien während des Holocaust werden in diesem Artikel nicht betrachtet, sie müssen Gegenstand einer separaten Untersuchung sein.

Kontexte: Die deutsche Besatzung der Ukraine in der Geschichte und in der Erinnerung

Die deutsche Besatzung der Ukraine forderte zahlreiche Todesopfer, führte zu massiver Zerstörung, beeinflusste das Schicksal von Millionen Menschen und veränderte das gesellschaftliche Leben von Grund auf.[10] Das Alltagsleben der Stadtbevölkerung erfuhr tiefe Einschnitte, bereits vor der Etablierung der ›neuen Ordnung‹ waren fast alle Alltagsroutinen empfindlich gestört: Vom ersten Kriegstag an überführte man die Wirtschaft des Landes hektisch und teilweise schlecht geplant in den Kriegsmodus, aus den Gebieten, in die das deutsche Heer schnell vorrückte, wurden Industrieanlagen überstürzt ausgelagert, viele Menschen flohen Hals über Kopf. In den Städten waren die allermeisten Industrieanlagen nicht mehr in Betrieb, und ein Großteil der Stadtbevölkerung suchte Arbeit, da es spürbar an Geld fehlte. Mit der beginnenden Invasion in der Ukraine bombardierte die Wehrmacht die Großstädte gnadenlos, was zu einer Zerstörung oder teilweisen Beschädigung sowohl der Industriebetriebe als auch der kommunalen Infrastruktur und der Wohngebäude führte. Die Sowjetarmee war der Überzeugung, dass dem Feind nichts überlassen werden dürfe, und zerstörte bei ihrem Rückzug alles, was noch funktionstüchtig war: Wasserleitungen und Kanalisation, die Verkehrsinfrastruktur und Gebäude. So übergab man dem Feind die zweitgrößte und im Hinblick auf zahlreiche wirtschaftliche und kulturelle Parameter wichtigste ukrainische Stadt Charkiv im Herbst 1941 mit einer zerstörten Infrastruktur, ohne Wasser, Heizung und Leitungen, aber mit einer halben Million Einwohner:innen.[11]

---

10 Für Überblicksdarstellungen zur deutschen Besatzung der Ukraine vgl. insbes. Karel C. Berkhoff, *Harvest of Despair. Life and Death in Ukraine under Nazi Rule*, Cambridge, MA 2004; Wendy Lower, *Nazi Empire-Building and the Holocaust in Ukraine*, Chapel Hill, NC 2005; Ray Brandon / Wendy Lower (Hg.), *The Shoah in Ukraine. History, Testimony, Memorialization*, Bloomington, IN 2008.

11 Die bislang umfangreichste Untersuchung zur deutschen Besatzung von Charkiv hat vorgelegt: Anatolij V. Skorobohatov, *Charkiv u časy nimec'koji okupaciji (1941–1943)* (Charkiv zur Zeit der deutschen Besatzung 1941–1943), Charkiv 2004. Zu ausgewählten Aspekten der Besatzung von Charkiv, unter anderem auch zum Alltag, siehe Tatjana Tönsmeyer / Gelinada Grinchenko / Laura Eckl, »Living under World War II Occupation«, in: *Geschichtsportal »Die Ukraine und Deutschland im 20. Jahrhundert«*, S. 1–21; online unter: http://www.duhk.org/fileadmin/data_duhk/Historians_and_War/Living_under_WWII_occupation.pdf [28.11.2023].

Ende 1941 unterstand die gesamte Ukraine der Macht von verschiedenen Besatzungsregimes. Das Alltagsleben in den ukrainischen Städten war unterschiedlich geregelt, denn es gab vier Besatzungsverwaltungen, denen die verschiedenen Landesteile zugeordnet waren. Hitlers Erlass vom 20. August 1941 schuf das Reichskommissariat Ukraine, das in sechs Generalbezirke untergliedert war: Wolhynien, Žytomyr, Kyjiv, Mykolajiv, Taurien und Dnipropetrovs'k. Das Verwaltungszentrum dieses Gebildes war Rivne in der Zentralukraine, die Zivilverwaltung lag in der Hand des deutschen Reichskommissars, dessen Macht unbeschränkt war. Bis zum Herbst 1942 unterstanden zehn und von September 1942 bis zum Ende der Besatzung fünf ukrainische Gebiete der Militärverwaltung, nämlich Vorošylovhrad, Stalino, Sumy, Charkiv und Černihiv. Sie bildeten die sogenannte militärische Besatzungszone. Die Gebiete Ostgalizien und Drohobyč gehörten zum Distrikt Galizien, der am 1. November 1941 dem Generalgouvernement angeschlossen wurde. Die südwestlichen Gebiete der Ukraine wurden der rumänischen Besatzungszone angegliedert, dem Gouvernement Transnistrien.

Das deutsche Besatzungsregime in den ukrainischen Gebieten zerstörte die Ukraine als territoriale Einheit und implementierte trotz gewisser, teils signifikanter Unterschiede auf den eroberten Territorien eine Kolonialpolitik, deren Hauptstoßrichtung in der Ausbeutung und ökonomischen Ausnutzung der natürlichen, industriellen und menschlichen Ressourcen, in einer totalen Kontrolle sowie der Ausübung von Repression und Gewalt gegenüber den Menschen bestand, die man als untauglich zur Führung der »Ortsansässigen« erachtete. Ein separat reflektiertes und eingeführtes Handlungsfeld der Besatzungsmacht war der Genozid an den Juden und Roma. Die vorgestellten und fragmentarischen Ukrainisierungspraktiken in der Bildung, der Presse und im Schriftverkehr im Reichskommissariat Ukraine und in der Zivilverwaltungszone waren in der Realität größtenteils manipulativ und fiktiv und sollten mithilfe der potenziellen Unterstützung der ukrainischen nationalen Kräfte das Prinzip ›teile und herrsche‹ durchzusetzen helfen. Im Distrikt Galizien agierte man in ähnlicher Weise, wobei dort Deutsch zur Amtssprache erklärt wurde.[12]

Die größte Last der Besatzung hatten die Frauen in den ukrainischen Großstädten zu tragen, in denen die Menschen – insbesondere in Charkiv – schon kurz nach Beginn des Besatzungsregimes zu hungern anfingen. In einer hungernden Stadt zu überleben, war außerordentlich schwer, unter diesen Bedingungen konnten lediglich ein Stück Land oder die Verbindung zu auf dem Land lebenden Verwandten und Bekannten den Stadtbewohner:innen

---

12 Olena Stjažkina, *Rokada*. Čotry narysy z istoriji Druhoji svitovoji (Frontstraße. Vier Aufsätze zur Geschichte des Zweiten Weltkriegs), Kyjiv 2020, S. 106–107.

das Überleben sichern. In Charkiv machten während der gesamten Besatzungszeit Frauen zwei Drittel der Bevölkerung aus: »Ende 1941 ungefähr 61 Prozent und im Frühjahr 1943 67 Prozent der Gesamtbevölkerung der Stadt«.[13] Aufgrund der Einberufung der Männer in die Rote Armee und der Evakuierung von Fachkräften stieg der Anteil von Kindern und alten Menschen signifikant, zusammen mit den Frauen machten sie 78 Prozent der Gesamtbevölkerung aus, das heißt, »vier von fünf Bewohnern der von den Deutschen besetzten Stadt waren Frauen, Kinder und Alte!«.[14]

Die Lebensläufe der Frauen, die die Kriegsjahre überlebten, waren unterschiedlich, ihr Verhalten unter der Besatzung variierte und hing von vielen Faktoren ab. Sowjetische Propaganda und Geschichtsschreibung erklärten die Frauen unter der Besatzung zu einer uniformen Gemeinschaft mit einem äußerst begrenzten Spektrum an »Funktionen«, wobei dieser Prozess schon während der Kampfhandlungen einsetzte und man alle Verhaltensstrategien der Besatzungsbevölkerung für viele Jahre auf das Dreieck »Verräter – Held – Opfer«[15] reduzierte.

Bei Frauen konzentrierte sich die Aufmerksamkeit auf Erzählungen von Heldinnen an der Front oder im Hinterland. Viele andere Gruppen von Frauen, deren Kriegserfahrungen nicht in das Heldennarrativ des »großen Sieges« passten, kamen nur am Rande vor oder wurden völlig ausgeblendet. In der offiziellen sowjetischen Version des Krieges »hatte eine korrekte Erzählung Tod, Opfer, Gewalt und Widerstand zu akzentuieren, nicht jedoch alltägliche Überlebenspraktiken«.[16] Die Bevölkerung in den besetzten Gebieten sollte also kämpfen, sterben und leiden, alles andere war verdächtig und fiel unter die Kategorie Verrat. Weibliche Besatzungserfahrungen wie auch Besatzungserfahrungen insgesamt waren während der langen Sowjetjahre weder Gegenstand der Forschung noch der öffentlichen Auseinandersetzung.

Nach dem Zerfall der Sowjetunion bekamen die historischen Forschungen zur Geschichte der Ukraine im Zweiten Weltkrieg spürbar neue Impulse: Die ideologischen Beschränkungen des sowjetischen Kanons entfielen, neue Dokumente wurden in die Forschung einbezogen, die Historiker arbeiteten mit neuen theoretischen Ansätzen und formulierten neue Forschungsthe-

---

13 Skorobohatov, *Charkiv u časy nimec'koji okupaciji (1941–1943)* (Charkiv in Zeiten der deutschen Besatzung), S. 309–310.
14 Ebd., S. 22.
15 Siehe den einführenden Artikel in den Sammelband von Gelinada Grinchenko / Kateryna Kobčenko / Oksana Kis (Hg.), *Žinky Central'noji ta Schidnoji Evropy u Druhij svitovji vijni. Henderna specyfika dosvidu v časy ekstremal'noho nasyl'stva* (Frauen in Mittel- und Osteuropa im Zweiten Weltkrieg. Geschlechtsspezifische Erfahrung in Zeiten extremer Gewalt), Kyjiv 2015.
16 Olena Stjažkina, »Žinky Ukrajiny v povsjakdenni okupaciji. Vidminnosti scenarijiv, intenciji j resursy vyžyvannja« (Frauen in der Ukraine im Besatzungsalltag. Besonderheiten der Szenarien, Intensionen und Überlebensressourcen), in: *Ukrajins'kyj istoryčnyj žurnal* (2015), 2, S. 42–66, hier S. 43.

men, die zu sowjetischen Zeiten ausgeschlossen gewesen waren. Dazu gehörte unter anderem auch das komplizierte, vielschichtige und hoch kontroverse Thema »Frau und Krieg«, in dem offizielle Politik, ideologische Vorgaben, militärische Strategien, Alltagspraktiken, Geschlechternormen und -stereotype, kollektive Traumata, persönliche Erinnerungen sowie Erinnerungspolitik eng miteinander verflochten sind.

Die moderne ukrainische Geschichtsschreibung griff das Thema zum ersten Mal in dem Sammelband *Žinky Central'noji ta Schidnoji Evropy u Druhij svitovij vijni: henderna specyfika dosvidu v časy ekstremal'noho nasyl'stva* (Frauen in Mittel- und Osteuropa im Zweiten Weltkrieg. Geschlechtsspezifische Erfahrungen in Zeiten extremer Gewalt) auf.[17] Diese und spätere Publikationen haben gezeigt, wie wenig erforscht die Vielgestaltigkeit, Komplexität und Widersprüchlichkeit der individuellen und kollektiven Aspekte des Phänomens, das wir als weibliche Besatzungserfahrung beschreiben, knapp achtzig Jahre nach dem Zweiten Weltkrieg immer noch sind.

Mündliche Erzählungen und der weibliche Besatzungsalltag

Die Deutschen setzten vom Beginn ihrer Herrschaft an auf eine Politik der ›Beschwichtigung‹, die de facto eine Einschüchterung der Bevölkerung und eine Demonstration der Stärke war. Diejenigen, die eine Gefahr für das Besatzungsregime darstellten, liquidierte man häufig in Form öffentlicher Hinrichtungen durch den Strang, zu deren Verfolgung man die Bevölkerung gewaltsam beorderte. In Charkiv, wo im ersten Besatzungsmonat mehr als hundert Personen gehängt wurden, fanden diese Hinrichtungen auf dem zentralen Platz und in den Hauptstraßen statt.

> Es hieß: Alle gefähigen Personen haben sich am soundsovielten um soundsoviel Uhr am Džeržinskij-Platz einzufinden, auf diesem Platz, den hatten sie damals, glaube ich, noch nicht umbenannt. Vielleicht war das der, wie hieß der noch, der Platz, also auf dem Džeržinskij-Platz ... Ich bin also hingegangen. Der Platz ist voller Menschen, richtig viele ... die Leute hatten Angst vor diesen dringlichen Bekanntmachungen, man musste ihnen Folge leisten, denn die Strafe war immer dieselbe: Erschießung. Es waren unfassbar viele Leute da, und dann, da sehe ich, wie die Feldgendarmerie kommt und den ganzen Platz einkreist, den ganzen. Unklar. Keiner weiß, warum, wir wissen nicht, was ist. Dann hören wir eine Frau schreien. Da drehen wir uns um und sehen: Dort, wo jetzt unser Verwaltungsgebäude ist, das mit den Säulen, dort war

---

17 Grinchenko/Kobčenko/Kis (Hg.), *Žinky Central'noji ta Schidnoji Evropy u Druhij Svitovij vijni* (Frauen in Mittel- und Osteuropa im Zweiten Weltkrieg).

die Bezirksleitung. Das war so ein Betonbau, hässlich, aber sehr groß. Und ein Balkon über die ganze Vorderfront. Und mehrere, zwei oder drei, ich glaube deutsche Offiziere stehen da irgendwie rum, unterhalten sich, und dann kommen mehrere Hilfspolizisten, die schleppen einen Mann mit einer Schlinge um den Hals und – hängen ihn. Und dann den nächsten. Und den nächsten. Einen nach dem anderen. Die Deutschen haben sich nicht die Hände schmutzig gemacht, das haben die Hilfspolizisten auf Befehl der Deutschen gemacht …

Der Platz hat nicht für alle gereicht. Die restlichen haben sie dann auf der Sumskaja gehängt, auf der Straße. Die Leute wollten nichts wie weg, aber alles war umzingelt. Ich hatte in gewisser Weise Glück. Ich bin von der Ivanov-Straße her auf den Platz gekommen, und da, wo jetzt der Ausgang ist, und da ist ja dieser flache Zaun am Ševčenko-Park und dort hat die Feldgendarmerie nicht so dicht gestanden – ich bin also über den Zaun geklettert (so hoch war der ungefähr) und durch den Ševčenko-Park abgehauen. Und so bin ich am Leben geblieben. Später habe ich gehört, dass da welche zu Tode getrampelt wurden, weil die Leute fliehen wollten, aber nicht rausgekommen sind. Mehrere Leute sind zu Tode getrampelt worden.[18]

Um gefährliche und unzuverlässige Bewohner zu identifizieren und eine vollständige Kontrolle zu etablieren, führten die Deutschen umgehend eine Zählung und Registrierung der Bevölkerung der besetzten größeren und kleineren Städte des Landes durch, die unmittelbar nach ihrem Einmarsch begann. Als die Phase der ›Beschwichtigung‹ beendet war, nutzten die Besatzer die penibel erhobenen Einwohnerzahlen ganz pragmatisch, um die Arbeitskraft der Bevölkerung auszubeuten, ihre elementaren sozialen Bedürfnisse zu befriedigen, Lebensmittel bereitzustellen, die medizinische Versorgung zu gewährleisten und das ›tolerierte‹ kulturelle Leben zu kontrollieren. Diese ›Normalisierung‹ des Besatzungslebens erfolgte erst ab Frühjahr 1942, als sich abzeichnete, dass der Krieg länger dauern würde und die besetzten Gebiete weiterhin bewirtschaftet werden mussten, damit die ständig neu entstehenden militärischen Bedürfnisse befriedigt werden konnten.[19]

---

18 Mündliche Erzählung von Inna H., Archiv des Projekts Holosy des Holocaust-Gedenkzentrums Babyn Jar (HGBJ). Anm. der Übers.: Die in den Artikel eingefügten mündlichen Zeugnisse sind auf Russisch verfasst, während sich die Autorin in ihren wissenschaftlichen Erläuterungen des Ukrainischen bedient. Die Transliteration von Eigennamen folgt der verwendeten Sprache und erfolgt somit in den zitierten Quellen den Regeln der Transliteration aus dem Russischen und im Autorinnentext dem Ukrainischen. Die sich daraus ergebenden unterschiedlichen Schreibweisen sind beabsichtigt und dokumentieren die Zweisprachigkeit des Artikels.

19 Ausführlicher zum Alltagsleben in der besetzten Ukraine siehe Tetjana Zabolotna, »Žyttja ta pobut mis'koho nasellennja naperedodni ta v roky okupaciji (1941–1944)« (Leben und Alltag der Stadtbevölkerung vor und während der Besatzungsjahre [1941–1944]), in: *Ukrajina v Druhij svitovij vijni. Pohljad z XXI st.*, 2 Bde., Kyjiv 2011, Bd. 2, S. 7–43.

Bis dahin mussten die Bewohner:innen der besetzten Ukraine jedoch zunächst einmal den schrecklichen Frost- und Hungerwinter 1941/1942 überstehen, der Tausende Zivilisten das Leben kostete.[20]

Wenn ich von einer Normalisierung des Besatzungslebens spreche, verwende ich die Kategorien der Konzeption von Besatzungsgesellschaften, die Tatjana Tönsmeyer entwickelt hat,[21] und verstehe Normalisierung als Anpassung an die außergewöhnlichen Umstände des Krieges in »societies severely under pressure, its members painfully under stress because they lost their everyday routines as well as convictions they had held as self-evident and they often no longer knew whom they could trust. In this context, social norms and accepted behaviour shifted.«[22] Besondere Bedeutung hat für mich in dieser Konzeption das ungleiche Geschlechterverhältnis in den Besatzungsgesellschaften, in denen überwiegend Frauen, Kinder und alte Menschen zurückgeblieben waren und deren soziale Bindungen und Verhaltensstrategien sich zwangsläufig umgestalteten. Unter den Bedingungen der erzwungenen Anpassung an neue, ungewohnte und oft auch chaotische Umstände werden solidarische Familienbeziehungen, aber auch Netzwerke neuer sozialer Beziehungen, die ein Überleben unter der Besatzung ermöglichen, besonders wichtig. Aufgrund des ungleichen Geschlechterverhältnisses sind Frauen die Hauptakteurinnen in den besetzten Gesellschaften, die sich einerseits hinsichtlich Alter, Herkunft, Bildung, Wohnort, sozialem und gesellschaftlichem Status unterscheiden, andererseits jedoch dieselbe Geschlechtsmarkierung haben, also über die gleiche spezifisch weibliche Erfahrung im alltäglichen Überleben unter Besatzungsbedingungen verfügen.

Für die Analyse der Überlebenserfahrung (Strategien und Ressourcen) bildet auch das Verständnis des alltäglichen Daseins unter Besatzungsbedingungen eine wichtige theoretische Grundlage. Es umfasst nicht nur die alltäglichen Existenzbedingungen, sondern schließt auch materielle und immaterielle Ressourcen der Alltagsexistenz ein: zuallererst die soziale Verfasstheit einer Person (Kontakte, Netzwerke, Interaktionen, Beziehungen) und ihre Mentalität (kulturelle und andere Werte sowie Einstellungen), aus denen bestimmte Verhaltensweisen resultieren. Betrachtet man die Besatzung aus dieser Perspektive, nimmt also die Veränderungen der Alltagspraktiken in den Blick, so lässt sich die wichtigste Forschungsfrage folgenderma-

---

20 Zur Politik des Hungers vgl. u. a. Oleksandr Lysenko / Tetjana Zabolotna / Oleksandr Majev'ckyj, »Teror holodom. Nacists'ka okupacijna polityka v Ukrajini (1941–1944)« (Hungerterror. Die deutsche Besatzungspolitik in der Ukraine [1941–1944]), in: *Vijs'kovo-istoryčnyj merydian* 18 (2017), 4, S. 61–93.

21 Tatjana Tönsmeyer, »Besatzungsgesellschaften. Begriffliche und konzeptionelle Überlegungen zur Erfahrungsgeschichte des Alltags unter deutscher Besatzung im Zweiten Weltkrieg, Version: 1.0«, in: *Docupedia-Zeitgeschichte*, 18.12.2015; online unter: docupedia_toensmeyer_besatzungsgesellschaften_v1_de_2015.pdf (zeitgeschichte-digital.de) [28.8.2023].

22 Tönsmeyer/Grinchenko/Eckl, »Living under World War II Occupation«, S. 5.

ßen formulieren: Auf welche Weise und mithilfe welcher Ressourcen passt sich eine Person an die erzwungene Realität an, die im Lauf der Zeit zu einer neuen ›Normalität‹ wird? Die Frage nach der Weise bezieht sich hier auf die praktischen Handlungen einer Person, die sich mithilfe der Kategorien Zweckdienlichkeit, Effizienz, Ergebnisorientierung, Erwartung und Überraschung analysieren lassen. Die Besatzung gibt dabei einen bestimmten Rahmen für die Existenz vor, innerhalb dessen die Verhaltensstrategien variieren, kombiniert werden, sich widersprechen oder für das Umfeld der jeweiligen Person oder für die Person selbst überraschend sein können. Die Ressourcen bilden überwiegend die bereits erwähnten alten Familien- und neuen sozialen Beziehungen sowie die Netzwerke, die sich unter der neuen Besatzungswirklichkeit entwickeln. Die neue Wirklichkeit wird wiederum von den neuen Regulationsmechanismen bestimmt, welche die Besatzungsmacht einführt, und zwar: Gesetze, Verordnungen, Erlasse und Verfügungen, die den neuen Rahmen für das alltägliche Leben setzen.

Wenn Forschende also auf die Doppelkategorie der Effizienz/Ergebnisorientierung von weiblichen Handlungen rekurrieren, meinen sie bestimmte Gegenwehr- und Überlebensstrategien von Frauen in der Ukraine unter deutscher Besatzung.[23] Bei den Strategien der Gegenwehr unterscheiden sie zwischen passivem (Verstecken von Brot und Eigentumsgegenständen) und aktivem Widerstand (»Weiberrevolte« und Versuche, die eigenen Rechte legal durchzusetzen) gegen die Besatzer. Zu den Überlebensstrategien gehörten der Verkauf und Tausch weiblicher Eigentumsgegenstände gegen Lebensmittel, der gegenseitige weibliche Beistand, das Verstecken von Kindern oder deren Inobhutgabe in andere Familien, vor allem bei jüdischen Kindern oder Kindern aus Mischehen, sowie der Einsatz des weiblichen Körpers als Ressource.

Die verschiedenen Widerstands- und Überlebensstrategien lassen sich auch in den von mir ausgewerteten mündlichen Erzählungen gut verfolgen. Meinen Untersuchungen, das möchte ich hier erwähnen, liegen die mündlichen Erzählungen von Bewohnerinnen der Stadt Charkiv zugrunde, deren Überlebens- und Gegenwehrpraktiken sich von denen, die Dorfbewohnerinnen eingesetzt haben, signifikant unterscheiden. Darüber hinaus waren – und das ist ebenfalls wichtig – die Erzählenden während des Krieges im Kindes- oder Jugendalter, was den Inhalt ihrer Schilderungen beeinflusst. Ich bin nur auf sehr wenige Erzählungen gestoßen, in denen die erzählende Frau den Einsatz des weiblichen Körpers als Ressource thematisiert. Über-

---

23 Die weiblichen Überlebensstrategien im Holodomor wurden untersucht von Oksana Kis, »Perežyty smert', rozkazaty nevymovne. Henderni osoblyvosti žinočoho dosvidu Holodomoru« (Den Tod überleben, das Unaussprechliche erzählen. Geschlechtsspezifiken der weiblichen Holodomor-Erfahrung), in: *Ukrajinoznavčyj al'manach* (2011), 6, S. 101–107, und von Olena Stjažkina für die besetzte Ukraine angepasst. Stjažkina, »Žinky Ukrajiny v povsjakdenni okupaciji« (Frauen in der Ukraine im Besatzungsalltag).

wiegend schildern die Frauen die Erfahrungen ihrer Mütter oder die Lebenswege älterer Frauen in der Familie, die eigenen, als Kind gemachten Erfahrungen der Erzählerinnen sind nicht geschlechtsspezifisch markiert.

So gewinnen wir aus der Erfahrung der Mutter, die Ljudmyla P. in einer mündlichen Erzählung teilt, Kenntnis von den Praktiken des Versteckens von Kindern aus Mischehen:

> Mein Vater war Jude, meine Mutter Russin, und Juden wurden ja bekanntlich verfolgt, unsere Nachbarn wussten alle, dass mein Vater Jude ist, und als die Deutschen eine Razzia machten in unseren Häusern, solche alten, aus vorsowjetischer Zeit, wurde ich versteckt, meine Mutter hat mich in einer russischen Familie versteckt, die viele Kinder hatte, und ich bin dann immer unter diesen Kindern gewesen. Ich habe nicht verstanden, warum mich meine Mutter manchmal dahin gebracht hat, außerdem hatte ich dunkle Locken, und weil meine Mutter Friseuse war, hat sie mir immer die Haare geschoren, dass sie nicht zu sehen waren, und da war ich dann bei den anderen Kindern, bis die Razzia vorbei war. Das waren wirklich herzensgute Leute, ich weiß gar nicht, sie haben mich kein einziges Mal verraten, meine Mutter und ich haben während der ganzen Besatzung in Char'kov gelebt, und wie durch ein Wunder bin ich am Leben geblieben. Dann haben sich alle gewundert, haben meine Mutter gefragt, Gott, wie hast du das geschafft, dass du sie durchgebracht hast ... [24]

Julia J., die die Nachbarn im Winter 1941/1942 versteckten und die damit dem furchtbaren Tod in Drobyc'kyj Jar[25] entkam, beschreibt eine ähnliche Praxis ihrer Mutter. Letztere war mit ihren Kindern nicht ins Ghetto gegangen, wie es die Besatzungsverwaltung in einem Erlass verfügt hatte, da die ältere Tochter, die kurz darauf starb, erkrankt war. Dies rettete, wie sich später herausstellte, der anderen Tochter das Leben, weil in ihrem Fall eben die Praxis des Versteckens zur Anwendung kam:

> Als meine Schwester gestorben war, ist meine Mutter auf Tauschtour gegangen, hat ein paar Sachen genommen, und dann sind sie und eine Nachbarin mit dem einzigen Schlitten, der noch da war, losgezogen zu einer Tauschtour. Wissen Sie, die Beziehungen der Menschen zueinander waren damals einfach rührend, Nachbarn haben mich aufgenommen. Sieben Tage war meine Mutter auf Tauschtour. Die

---

24 Mündliche Erzählung von Ljudmyla P., Aufzeichnung Juli 2020, Archiv des Projekts Holosy des HGBJ.
25 In der Schlucht von Drobyc'kyj Jar östlich von Charkiv wurden im Winter 1941/1942 mehr als 10.000 Jüdinnen und Juden erschossen. Zuvor wurden sie in ein Ghetto in Charkiv gebracht, das drei Wochen existierte.

Nachbarn haben mich ohne Essen genommen, ohne alles, und da habe ich sieben Tage bei ihnen gewohnt, dann ist meine Mutter wiedergekommen, hatte was eingetauscht, und dann haben wir nicht mehr so gehungert ... Dann hieß es immer wieder: Dort haben sie einen abgeholt, da ist einer aufgeflogen, und unsere Nachbarin hat gesagt, wissen Sie was, wir nehmen die Julia, am besten bleibt sie erst mal drei, vier Monate bei uns, bis sich alles eingespielt, bis sich alles normalisiert hat, wenn die ersten Truppen abziehen, wird der Umgang vielleicht ziviler, und da bin ich weg, ja, so vier Monate war ich ungefähr dort.[26]

In dem hier zitierten Ausschnitt beschreibt Julia außer der Praxis, ein Kind zu verstecken, die vielleicht häufigste und am weitesten verbreitete weibliche Überlebenspraxis während der Besatzung: die Organisation von sogenannten Tauschtouren, das heißt Touren, um Eigentum gegen Lebensmittel einzutauschen. Dafür mussten die Frauen aus der Stadt aufs Land gehen, oft für mehrere Tage und Dutzende Kilometer weit entfernt. Zumeist organisierten sie die Touren in Eigenregie. Frauen aus der Stadt schlossen sich zu kleinen Gruppen zusammen und gingen in die Dörfer, von wo sie Lebensmittel mitbrachten, die anschließend ebenfalls gemeinsam oder reihum mit primitiven Vorrichtungen zubereitet wurden. Die Frauen konnten Verwandte, Nachbarn oder Bekannte sein, das Kriterium für den Zusammenschluss war das Vorhandensein kleiner Kinder. Zur gegenseitigen Unterstützung in diesen Frauengruppen gehörte auch, sich mit Lebensmitteln auszuhelfen, wenn jemand erfolglos von einer Tauschtour zurückgekehrt war. Es konnte passieren, dass die Lebensmittel unterwegs von Einheimischen oder von Deutschen beschlagnahmt wurden:

Und dann, als die Bombardements schon aufgehört hatten, kamen die Deutschen nach Charkiv, und meine Mutter verabredete sich mit anderen Frauen, die auch Kinder hatten, zu einer Tauschtour nach Rogan'. Also, alles, was wir zu Hause hatten – Vorhänge, Gardinen, Decken, also die Dinger auf dem Tisch, na, die Tischdecken, alles sozusagen, klammheimlich ist meine Mutter einmal im Monat mit diesen drei Frauen losgezogen. Sie sind frühmorgens aufgebrochen und abends wiedergekommen. Ein Glas brachten sie heim, meine Mutter war so was von zufrieden, ein Glas Weizen, und dann noch ein Glas irgendwelches andere Getreide, ein paar Kartoffeln, fünf, sechs Stück, und eine von den Frauen hatte so ein Drehding aus Holz mit einer Kurbel – da haben sie die Körner reingeschüttet, und dann kam Mehl raus. Daran kann ich mich noch gut erinnern. Jeder, der was hatte,

---

26 Mündliche Erzählung von Julija J., Aufzeichnung vom 10.6.2020, Archiv des Projekts Holosy des HGBJ.

hat das da reingeschüttet und gekurbelt, und dann wurde Mehl draus. Das Wasser hat gekocht, meine Mutter hat einen kleinen Löffel Mehl mit Wasser vermengt, kleine Kügelchen geformt und ins Wasser geworfen. Das haben wir gegessen, Schnecken oder wie die Dinger hießen, ohne alles. Es gab weder Kartoffeln noch Zwiebeln, nichts. Das hat uns gerettet. Ja … Einmal war sie auf Tauschtour und ist mit leeren Händen zurückgekommen, weil die Hilfspolizei sie angehalten und ihr alles abgenommen hatte, was sie hatte. Meine Mutter ist gekommen und wir haben die ganze Woche geweint. Aber die Nachbarn haben uns gerettet, alle haben uns irgendwas gegeben, haben geteilt.[27]

Zu einer Familiengruppe gehörten manchmal auch Männer im höheren Alter, aber die Initiative ging dennoch immer von Frauen aus. Der nächste Auszug dokumentiert neben dem Gesamtbild des Besatzungsalltags und der Akteure auch die Kontinuität der Tauschpraxis (es ist von »einer anderen Jahreszeit« die Rede) und dem allgemeinen psychischen und körperlichen Zustand während der Besatzung – die angespannte Erwartung:

Überlebt haben wir folgendermaßen: Meine Mutter und mein Großvater nahmen, wenn es Winter war, einen ziemlich großen Schlitten, zu einer anderen Jahreszeit musste es dann ein Wagen sein, dann luden sie alles mehr oder weniger Wertvolle im Haus auf und fuhren aufs Land und machten eine sogenannte Tauschtour. Mit Tauschtour ist gemeint, dass man aufs Dorf fährt und Waren gegen irgendwas Essbares eintauscht … Na, Sie können sich's vorstellen, zu Hause am Ofen sitzt noch die Großmutter mit zwei kleinen Enkelinnen. Wir hatten ein Lehmhaus, wie es bei uns in der Sloboda-Ukraine vor dem Krieg üblich war, natürlich mit Ofenheizung, wir saßen um den Ofen herum, heiß war es natürlich nie, aber wenn der Ofen ein bisschen Wärme abgab, war das auch schon was. Und dann haben wir gewartet, dass Mama und Opa zurückkommen. So eine Tauschtour war nämlich eine ziemlich mühsame Angelegenheit. Für diejenigen, die sie unternommen haben, weil es ja nicht anders ging, und für diejenigen, die gewartet haben, ob die anderen zurückkommen oder nicht. Denn draußen … da haben ja nicht nur die Deutschen gewütet, sondern auch die Hilfspolizei mit unseren Leuten. Es hat Fälle gegeben, da sind die Leute einfach nicht mehr wiedergekommen, oder wenn doch, dann waren sie angeschlagen. Und manchmal auch ohne die Menge Lebensmittel, die sie eingetauscht hatten … Zum Glück hat sie das nicht getroffen. Natürlich hat es Verluste gegeben. Manche Leute haben sie laufen

---

27 Mündliche Erzählung von Iryna L., Aufzeichnung vom 24.8.2020, Archiv des Projekts Holosy des HGBJ.

lassen, andere nicht. Aber das ist ja alles verständlich, mein Gott. Ein Glück, dass es in diesen Zeiten überhaupt so wohlwollende und verständnisvolle Menschen gegeben hat. Und das, das ist der Teil, der mir im Gedächtnis geblieben ist.[28]

Es wurden Gruppen – von Frauen und mit Frauen – organisiert, um zu versuchen, aus den Städten zu fliehen. Die Hilfe, die die Frauen unterwegs erfuhren, kam bezeichnenderweise ebenfalls von Frauen. Aus dem folgenden Abschnitt ist ersichtlich, dass es die Männer waren, die den Zutritt zum Haus und sogar zum Hof verwehrten, das belegt die Verwendung von Wörtern weiblichen beziehungsweise männlichen Geschlechts:

> Als wir zu Fuß nach Poltava unterwegs waren, haben wir die verschiedensten Situationen erlebt. Unsere Landsleute, unsere Ukrainer, die Reichen haben uns gar nicht auf den Hof gelassen, wenn wir um Wasser zum Trinken gebeten haben. Sie haben uns überhaupt nicht auf den Hof gelassen. Wir sind zu Fuß gegangen, die Kinder auch, Frauen und Kinder. Wenn es ein armes Haus war, hat die Hausherrin gesagt: Kommt doch rein. Sie hat Stroh aufgeschüttet, uns ein Nachtlager bereitet, hat Töpfe gebracht. Ich mach euch gleich Kartoffeln, die backe ich oder koche sie euch, hat sie auf den Tisch geschüttet. Wie viele waren wir noch mal – fünf oder sechs Personen sind zu ihr rein, sie hat uns allen zu essen gegeben. Daneben stand ein richtiges Haus, da haben sie uns nicht mal in den Hof gelassen.[29]

Die hier beschriebenen Strategien betreffen Überwindung und Widerstand, extreme Handlungen also, die zwar zur Routine werden können, jedoch nicht das gesamte Spektrum des alltäglichen Daseins erfassen. Meine Untersuchungen des Korpus aus mündlichen Erzählungen haben ergeben, dass auch die Alltagspraktiken der Koexistenz mit den Deutschen Erwähnung finden, denn ebendiese Interaktionen zwischen der lokalen Bevölkerung und der Besatzungsmacht bilden den Hauptunterschied zwischen einer »Besatzungsgesellschaft« und einer »Kriegsgesellschaft«.[30] In den besetzten ukrainischen Städten der militärischen Besatzungszone, in denen überproportional viele Besatzer lebten, war eine Etablierung solcher Praktiken unumgänglich. Ende des Jahres 1941 lebten zum Beispiel in Charkiv neben 456.639 lokalen Einwohner:innen[31] mehr als 100.000 Deutsche.[32] Unter diesen Be-

---

28 Mündliche Erzählung von Lina M., Aufzeichnung vom 16. 6. 2020, Archiv des Projekts Holosy des HGBJ.
29 Mündliche Erzählung von Olena K., Aufzeichnung vom 28. 7. 2020, Archiv des Projekts Holosy des HGBJ.
30 Tönsmeyer, »Besatzungsgesellschaften«.
31 Skorobohatov, *Charkiv u časy nimec'koji okupaciji (1941–1943)* (Charkiv in Zeiten der deutschen Besatzung), S. 19.
32 Ebd., S. 47.

dingungen war der tagtägliche Umgang mit den Deutschen unausweichlich, und »one of the varied interaction contexts in which the ›occupiers‹ and the ›occupied‹ were frequently dependent on one another was the issue of accommodation«.³³ Im besetzten Charkiv kamen die Bewohner:innen nicht umhin, mit den Deutschen auf einem Hof, in einem Haus und in einer Wohnung zu leben. Das Leben mit dem Feind war unterschiedlich, es gab permanente Angst, Abwertung und Erniedrigung, aber auch Menschlichkeit und Versuche seitens der Deutschen, zu helfen oder zu retten.

> Kontakte hat es gegeben. Ich erzähle es. Bei uns in der Nähe war doch dieses Militärgebäude, und die waren alle weg. Und das haben die Deutschen bezogen, die 71. Ecke Majakovskij-/Sumskaja-Straße. Das haben die Deutschen komplett belegt. Und die, für die der Platz nicht gereicht hat, dort war nämlich nicht viel Platz, die wurden dann nach und nach bei uns einquartiert. Wir mussten ein Zimmer abgeben. Da ist was Interessantes passiert. Zuerst hat da so ein Junger drin gewohnt, der hat den Kontakt gemieden, und später kam ein ganz alter, ein SS-Mann war das. Der hatte ein Radio, und meine Mutter und eine Nachbarin haben Radio gehört, er hat es gemerkt. Und hat gesagt, nicht so laut, nebenan ist doch das Kasino, in der 71, und wir hatten genau die Wohnung daneben. Stellt nicht so laut, das hört man drüben, sie hatten sich eine Parade angehört und noch irgendwas. So war das mit dem Kontakt.
>
> Und dann gab es auch noch Kontakt, als meine Mutter und ich den Garten auf dem Pavlovo Pole hatten, wir haben da Mais angebaut. Wir kamen mit dem Mais. Ein ganzer Sack. Der Deutsche hat den Sack Mais genommen und uns geholfen, der deutsche Soldat. Hat ihn ins Haus getragen und gesagt: »Ich habe auch eine Familie.« Es gibt immer solche und solche. In Char'kov sahen die Kontakte so aus.³⁴

Bei der Auswertung der oralhistorischen Dokumente zeigen sich einige Stränge, entlang derer sich die Kommunikation zwischen den »Besatzungsfrauen« und den Besatzern entwickelte. Der erste – und offensichtliche – Strang ist der Alltag. Die deutschen Männer mussten waschen, kochen, putzen, und dafür wandten sie sich häufig an einheimische Frauen in der Nachbarschaft. Aus den Erinnerungen der Frauen geht hervor, dass sich die deutschen Soldaten für diese Arbeit oft erkenntlich zeigten, dadurch geriet die alltägliche Kommunikation zu einem »Besatzungskompensationsgeschäft«, ein Tausch von Dienstleistungen gegen Essen:

---

33 Tanja Tönsmeyer / Joachim von Puttkamer, »Housing, Hiding and the Holocaust. Introduction«, in: *Journal of Modern European History* 20 (2022), 2; online unter: https://doi.org/10.1177/16118944221095133 [28. 8. 2023].
34 Mündliche Erzählung von Inna Š., Aufzeichnung vom 9. 9. 2020, Archiv des Projekts Holosy des HGBJ.

Und dann möchte ich noch sagen, als die Deutschen dann schon ein paar Monate da waren, sind sie von Wohnung zu Wohnung gegangen und haben die Frauen gebeten, ihre Sachen zu waschen … Meine Mutter war sehr reinlich, die hatte es gern, wenn es sauber war. Die Deutschen sind gekommen, junge Kerle, und haben meine Mutter gefragt, ob sie für sie waschen würde. Und da haben meine Mutter und meine Tante, es gab ja kein Wasser, das Wasser von irgendwoher geschleppt, Gott weiß woher, und haben gewaschen, und die haben ihnen Lebensmittel dafür gegeben, haben Suppe in Näpfen gebracht, die war übrigens sehr lecker. Wahrscheinlich haben die Jungs was von ihrer Brotration genommen und uns gebracht, sogar Schokolade haben sie uns gegeben. Nicht einfach so, sondern für die Arbeit. Sie haben ja nicht mit Geld bezahlt, sie hätten ja auch einfach drauf bestehen können und fertig. Aber sie waren auch menschlich, haben ja gesehen, dass wir Hunger hatten. Und sind wiedergekommen, das hat ihnen gefallen, dass es tschön und gutt [sic] war. Meine Mutter hat ihnen mal ein paar Blumen hingestellt, alles blitzeblank geputzt, und eben so, und da sind sie immer wieder gekommen. Sie haben uns mit Respekt behandelt. Meine Mutter hatte Angst um mich, aber ich war so dürr, so unansehnlich, grade dass ich Zöpfe hatte. Da hat sich keiner hinreißen lassen (*lacht*).

So haben sie geholfen. Da die Wäsche, dort das Putzen … Ein paar andere Arbeiten haben sie auch noch vergeben und dafür bezahlt. Und noch was. Den Kindern haben sie zu essen gegeben. Sie haben so Feldküchen aufgestellt und einen Brei gekocht, da standen die Kinder dann mit diesen Tellern, mit kleinen Schüsseln – den Kindern haben sie zu essen gegeben, es herrschte ja Hunger, da gab es so eine Verordnung, dass sie Essen ausgegeben haben …[35]

In diesem Interview zeigt sich neben der Kommunikation im Alltag noch ein weiterer, im Ergebnis meiner Untersuchungen am häufigsten auftretender Kommunikationsstrang, und zwar die Erwähnung von Kindern und der ihnen geleisteten Hilfe. Das Bild des deutschen Soldaten, der einem ukrainischen Kind Schokolade gibt, ist schon ikonografisch, die Hilfe für Kinder konnte sogar extreme Formen annehmen:

Und noch vorher, als wir aus Char'kov weggegangen sind, auf einem Bahnhof, ich weiß nicht mehr, welcher das war, da sind wir reingegangen (es war schon kalt), wir sind in den Bahnhof gegangen. Dort war ein warmer Ofen, wir haben uns aufgewärmt. Wir haben mit meiner Mutter auf diesem Bahnhof gesessen, und da kam eine deutsche

---

35 Polina J., Interview za480, 26. 4. 2005, Interviewarchiv Zwangsarbeit 1939–1945; online unter: https://archiv.zwangsarbeit-archiv.de/de/interviews/za480 [28. 8. 2023].

Patrouille. Eine Patrouille und überhaupt ein Haufen Deutsche, viele Deutsche. Sie kamen an diesen Bahnhof, sie sollten irgendwohin verlegt werden. Und haben auf ihren Zug gewartet. Das hat lange gedauert. Und da haben sie einen Happen gegessen. Sie haben ein großes Stück Papier aufgefaltet. Auf dem Papier lag weißes, schneeweißes Brot und so ein Klumpen Schmalz. Und da hat mein Bruder, ein Junge eben, den Mund aufgerissen, wie er das Brot, das Schmalz gesehen hat. Wie der plötzlich gebrüllt und geschrien hat! Hatte Hunger! Das haben die Deutschen nicht ausgehalten! Sie haben das Brot genommen, in der Mitte durchgeschnitten, mit Schmalz bestrichen, sie durften aber nicht einfach auf uns zukommen und uns was geben. Kinder hin oder her. Das war verboten, dafür konnten sie auch erschossen werden. Sie haben meiner Mutter gesagt, sie soll hinter den Bahnhof kommen, hinter das Gebäude, um ihr das Brot zu geben. Meine Mutter ist rausgegangen, und dann haben sie ihr das Brot gegeben. Dann hat sie uns davon zu essen gegeben. Ich glaube, ich habe nie so leckeres Schmalzbrot gegessen wie das, bis zu dem Moment. Weil wir Hunger hatten, klar. Na, meine Mutter hat sich bei den Deutschen bedankt, und der Deutsche hat gesagt: »Kinder, Kinder.« So war das, ein ganzes Brot hat er meiner Mutter gegeben, ein weißes, mit Schmalz.[36]

Diese und andere Kommunikationsstränge entwickelten sich entlang der vorhandenen Ressourcen der Besatzer asymmetrisch, das heißt, die einheimischen Frauen – so zumindest lässt es sich den oralhistorischen Quellen entnehmen – erbrachten keine Gegenleistung, weder als Dienstleistung noch in Form von Geld. Die Frauen profitierten überwiegend vom guten Willen der Besatzer, die den Frauen geholfen haben, vom Besatzungsregime auferlegte Beschränkungen zu umgehen (sie erlaubten ihnen zum Beispiel, die Stadt zu verlassen, wenn sie aus Hunger flüchteten[37]), die Frauen vor bestimmten, für sie gefährlichen Aktionen warnten (in erster Linie benachrichtigten sie sie rechtzeitig über Rekrutierungsaktionen von Zwangsarbeitern nach Deutschland[38]), ihnen halfen, den Briefkontakt zwischen denen, die

---

36 Mündliche Erzählung von Iryna S., Aufzeichnung vom 12. 7. 2020, Archiv des Projekts Holosy des HGBJ.

37 »Ich erzähle Ihnen das, weil das alles in meinem Beisein passiert ist. Wir waren also im Begriff, Char'kov zu verlassen, mein Bruder, ich und meine Mutter. Mein Bruder hatte eine Teekanne, ich irgendein Bündel, und da hält uns plötzlich eine Patrouille an. Meine Mutter weint, zeigt: ›Kinder, Kinder, lassen Sie uns durch.‹ Sie wollen uns nicht durchlassen. Dann hat meine Mutter ihm gezeigt: ›Das sind Kinder, das könnten auch deine Kinder sein! Sieh es dir an, Kinder!‹ Und da haben sie uns durchgelassen. Wir sind zu Fuß gegangen, dann sind wir in einem beheizten Güterwagen gefahren und in Waggons.« Ebd.

38 »Ich weiß das, denn bei meiner Tante in der Wohnung hat ein Deutscher gelebt. Paul hieß er, das weiß ich noch. So. Dann kam eine Razzia, die jungen Frauen wurden abgeholt. Kaum war eine 17, haben sie sie nach Deutschland geschickt, und die hatten zwei Mädchen. Und er, dieser Paul, ist gekommen und hat sie gewarnt: ›Morgen gibt's eine Razzia.‹

in der Stadt geblieben waren, und denen, die bereits nach Deutschland deportiert worden waren, aufrechtzuerhalten (dafür nutzten die deutschen Soldaten die Feldpost39), und sie nahmen sogar warme Sachen und Päckchen für Ostarbeiter mit, wenn sie auf Urlaub fuhren:

> Meine Cousine wurde als Ostarbeiterin nach Deutschland deportiert … Sie war Wasser holen gegangen, und plötzlich kam eine Razzia. Sie wurde mitgenommen. Und ihre Mutter hat darauf gewartet, dass sie mit dem Wasser kommt. Einen Monat später ungefähr hat ihre Mutter dann einen Brief von ihr gekriegt. Offenbar durfte sie den Brief abschicken, und sie schrieb, es gab eine Razzia, ich wurde gefasst, ich bin in Deutschland. Sie hat immer wieder geschrieben: »Schickt mir bitte warme Sachen.« Und meine Mutter, meine Mutter hat gearbeitet, und irgendwie hatte sie Kontakt zu den Deutschen. Sie hat mit einem Deutschen gesprochen und zu ihm gesagt: »Wo wohnst du?« Und er hat die Kleinstadt genannt, in der das Lager war, wo sich meine Cousine befand. Das haben wir unseren Verwandten erzählt, sie haben dann viele warme Sachen gesammelt und ihn gefragt. Werner hieß dieser Deutsche und meine Mutter hat zu ihm gesagt: »Ich bitte dich sehr, bring das hin!« Und die Deutschen durften sich Arbeiter aus den Lagern mit nach Hause nehmen, wie haben sie die genannt, Sklaven oder so, weiß ich nicht. Und er hat sie mitgenommen. Hat sie zu seiner Mutter gebracht, meine Mutter ist allein, hat er gesagt, sie schafft es nicht mehr. Sie soll meiner Mutter helfen.
>
> Und als die Deutschen dann den Rückzug angetreten haben, ist dieser Werner zur Schwester von meinem Vater gegangen und hat gesagt: »Als ich bei meiner Mutter war, habe ich ihr die Sachen gebracht. Sie hatten doch warme Sachen mitgegeben, ich habe sie ihr gebracht.« Und hat erzählt, wo sie war und was sie gemacht hat …40

Tatjana Tönsmeyer betont das relationale und asymmetrische Verhältnis zwischen Besatzern und Angehörigen von Besatzungsgesellschaften.41 Betrachtet man dieses Verhältnis aus dem Blickwinkel der »Besatzungsfrauen«, so illustrieren ihre mündlichen Erzählungen diese Asymmetrie, die in der

---

Und die beiden Mädchen sind in den Wald gegangen und haben sich da irgendwo versteckt. Während die Razzia stattfand, waren sie weg.« Mündliche Erzählung von Lidija H., Aufzeichnung vom 21.9.2020, Archiv des Projekts Holosy des HGBJ.

39 » … meine Mutter hat das Deutschen mitgegeben, die dort waren, Soldaten, sie hat sie gebeten: ›Hier, verschick den Brief mit der Feldpost, dass meine Tochter in Berlin ihn kriegt.‹ Und diese Briefe sind angekommen, sie haben diese Briefe mit der Feldpost abgeschickt.« Sinaida B., Interview za465, 19.12.2005, Interviewarchiv Zwangsarbeit 1939–1945; online unter: https://archiv.zwangsarbeit-archiv.de/de/interviews/za465 [28.8.2023].

40 Mündliche Erzählung von Julija K., Aufzeichnung vom 4.8.2020, Archiv des Projekts Holosy des HGBJ.

41 Tönsmeyer, »Besatzungsgesellschaften«.

Macht der Besatzer begründet lag, sehr gut: Sowohl wenn sie in der Besatzung eingeführte Neuregelungen und Beschränkungen umgingen als auch im Fall der Alltagskontakte lagen die Initiative und die ›Hebel‹ für die Kommunikation stets in den Händen der Besatzer. Sie reglementierten das Alltagsleben, innerhalb dessen die Frauen ihre Widerstands- und Überlebensstrategien entwickelten. Den Ausgangspunkt dieser Strategien bildete immer das Wissen um die Lebensgefahr, in der sich die Frauen befanden. Die Besatzer initiierten die Alltagskommunikation, die selbst bei guten Absichten (Hungernden zu helfen, Kinder zu unterstützen und keine Gegenleistung zu fordern) fragil war und jeden Moment zusammenbrechen konnte.

Mündliche Erzählungen 2.0 – Geschlechtsspezifische Besonderheiten der Erinnerung und der Erzählung

Wie bereits eingangs erwähnt, stehen derzeit zwei Ansätze zur Auswertung von Interviews zur Verfügung: der rekonstruierende und der narrative (textuelle) Ansatz. Die wesentliche Funktion des rekonstruierenden Ansatzes besteht darin, die Situation, das Umfeld, den sozialen Kontext und die sozialen Praktiken zu rekonstruieren, was vermittels der Analyse der Erzählung über die individuelle tägliche, sich wiederholende Erfahrung, die interpersonellen Interaktionen, die individuellen Lebensvorstellungen und ihre Umsetzung erfolgt. Mit diesem Ansatz habe ich weibliche Widerstands- und Überlebensstrategien untersucht, die sich unter Besatzungsbedingungen herausgebildet haben. Daneben ermöglicht die andere, die narrative Methode unter anderem die Analyse der geschlechtsspezifischen Besonderheiten der Erinnerung an die Besatzung, also speziell weibliche Formen, in denen erworbene Erfahrungen zu einem narrativen Ganzen zusammengefügt werden, das sich im Erzählen vollzieht, während das Interview aufgezeichnet wird. Dieser Ansatz oder besser gesagt das Set verschiedener Teilansätze fußt auf der Auswertung textueller Besonderheiten der Interviews. Man setzt es ein, um herauszufinden, wie sich die Erzählende an dieses oder jenes Ereignis, eine Episode oder ihren Lebensweg insgesamt erinnert und sie wiedergibt.[42]

Von den aktuellen Forschungen zu Unterschieden in der männlichen und weiblichen Erinnerung und Memorierung sind für mich besonders jene wichtig, die sich mit thematisch ähnlichen Zeugnissen befassen: die Untersuchungen der Charkiver Psychologin Olena Ivanova, die anhand der Auswertung von Erzählungen von Personen verschiedenen Alters und Geschlechts über den Zweiten Weltkrieg zu interessanten Schlüssen hinsichtlich der Be-

---

[42] Darüber hinaus werden in dieser Untersuchung verschiedene Begriffe von Wahrheitsformen berücksichtigt: Jillian A. Tullis Owen / Chris McRae / Tony E. Adams / Alisha Vitale, »Truth Troubles«, in: *Qualitative Inquiry* 15 (2008), 1, S. 178–200.

sonderheiten der weiblichen Erinnerung[43] gelangt ist, sowie der Ethnologin Oksana Kis, die geschlechtsspezifische Besonderheiten der oralhistorischen Praxis zusammengefasst hat.[44] Unterschiede in männlichen und weiblichen Textkompositionen als Ergebnis von Erinnerung habe ich auch in meinem Habilitationsprojekt[45] zu mündlichen Erzählungen ukrainischer Ostarbeiter:innen herausgearbeitet, dessen Ergebnisse in vieler Hinsicht mit denen übereinstimmen, die ich bei der Auswertung der mündlichen Interviews zur Besatzung von Charkiv gewonnen habe.

Eine wichtige Besonderheit des weiblichen Erinnerns besteht darin, dass weibliche Erinnerungen zumeist ausgehend von wichtigen persönlichen und familiären Ereignissen strukturiert werden und viel genauer als die männlichen materielle, aber auch verhaltensbezogene Details des Alltagslebens rekonstruieren. Dies hat wesentlich dazu beigetragen, die oben beschriebenen Überlebens- und Widerstandsstrategien unter der deutschen Besatzung in der Ukraine zu rekonstruieren. Während männliche Erinnerungen in starkem Maße zu einer Rekonstruktion von Daten, Namen, Toponymen und anderen räumlich-zeitlichen Verortungen neigen und auch viele Bezüge zu bekannten historischen Ereignissen herstellen, finden sich in weiblichen Erzählungen über die Vergangenheit umfangreiche Schilderungen von Menschen und ihren Eigenschaften, Charakterzügen und den Beziehungen. Natürlich thematisieren die Frauen in ihren Erzählungen die Mutterschaft – die eigene oder die anderer Frauen – und die Fürsorge für oder die Erziehung der Kinder, während bei den Männern die Geschichte der eigenen Vaterschaft selten den zentralen Punkt der Erzählung bildet. Die Erzählungen der Frauen sind viel emotionaler, sie enthalten eigene Gefühle und den Versuch, die Gefühle der anderen, deren psychische Verfassung und Mitgefühl wiederzugeben.

> Ich kann mich noch an die Ereignisse erinnern, als einer dem anderen gesagt hat: »Auf dem Kalten Berg, die Deutschen sind auf dem Kalten Berg!« Gefechtslärm haben wir nicht gehört, das Gefecht war irgendwo

---

43 Elena Ivanova, »O gendernych osobennostjach pamjati« (Zu den geschlechtsspezifischen Besonderheiten des Gedächtnisses), in: *Gendernyje issledovanija* (1999), 3, S. 242–252. Anm. der Übers.: Da der Artikel auf Russisch publiziert wurde, ist hier die russische Variante des Vornamens Olena angegeben.

44 Oksana Kis, »Henderni aspekty praktyky usnoistoryčnych doslidžen': osoblyvosti žynočoho dosvidu, pam'jati ta naraciji« (Genderaspekte in der Praxis oralmündlicher Forschung), in: Oksana Kis / Gelinada Grinchenko / Tetjana Pastušenko (Hg.), *Suspil'ni zlamy i povorotni momenty. Makropodiji kriz' pryzmy avtobiohrafičnoji rozpovidi* (Gemeinsame Brüche und Wendepunkte. Makroereignisse im Prisma der autobiografischen Erzählung, L'viv 2014, S. 11–41.

45 Vgl. Gelinada Grinchenko, *Usna istorija prymusu do praci. Metod, konteksty, teksty* (Die mündliche Erzählung der Zwangsarbeit. Ansatz, Kontexte, Texte), Charkiv 2012, Kapitel »Teksty interv'ju. Porivnjannist' zmistu ta nepovtornist' dosvidu« (Interviewtexte. Vergleichbarkeit des Inhalts und Einzigartigkeit der Erfahrung).

in der Innenstadt, da hat es gekracht, und in der Žuravljovka sind wir hier praktisch unten. Bei uns ist es still, es fallen keine Bomben, es gibt keinen Beschuss. Doch die Deutschen kommen und alle zittern vor Schreck: Da kommen doch irgendwelche Tiere, irgendwelche Fremden. Das Radio läuft, der Trichter. Musik läuft und läuft. Und als meine Mutter gehört hat, dass die Deutschen auf dem Kalten Berg sind, hat sie den Trichter rausgerissen und auf dem Boden zerschmettert.[46]

Meine Großeltern hatten ein Ferkel. Ein kleines, so groß etwa. Und als die Deutschen zu uns auf den Hof kamen, hat das Ferkel die fremde Sprache gehört. Die ganze Zeit haben wir unsere Sprache gesprochen, Ukrainisch, und plötzlich Deutsch und grobe Ausdrücke. Und da ist das Ferkel in den Windfang geflüchtet und nicht wieder rausgekommen, bis die Deutschen weg waren. So war das hier, bei uns. Bei meinem Großvater im Haus. Der Großvater hat das Ferkel aus dem Windfang geholt und umarmt und geküsst, und dann wollten sie es lang nicht schlachten, ganz lange nicht.[47]

Die mündlichen weiblichen Geschichten von der Besatzung beinhalten nicht nur Erinnerungen an die psychische Verfassung und die Gefühle von nahestehenden Menschen, sondern auch an Gefühle und Empfindungen der Deutschen, der Besatzer, jener, mit denen man über viele Monate hinweg zusammenleben musste:

Und die Deutschen, die in unserer Haushälfte lebten, da war ein Offizier. Er kam abends zu den Frauen und Kindern, die zusammensaßen, und hat uns Bonbons gegeben. Ich weiß noch, ich habe sie nicht genommen, ich habe sie weggeschmissen, er hat das nicht verstanden, warum das Kind das nicht nimmt. Ich dachte, das ist doch ein Deutscher, das ist doch ein Feind. Er gibt mir ein Bonbon, und ich habe es weggeworfen, und er hat ein Foto aus seiner Tasche geholt, hat es den Frauen gezeigt und gesagt: »Das ist meine Familie.« Ich habe meine Mutter dann gefragt, was das für ein Foto war. Dort waren seine schöne Frau und seine Tochter. Sogar jetzt, so viele Jahre später, habe ich sein Gesicht noch vor mir, intelligent und mit Gewissensbissen. Verstehen Sie, er war Soldat, hat seine Pflicht erfüllt.[48]

Ein besonders wichtiger Aspekt in der Gesamtkomposition der weiblichen Erinnerungen an die Besatzung – in den Erinnerungen an die Zwangsarbeit

---

46 Mündliche Erzählung von Olena K., Aufzeichnung vom 28. 7. 2020, Archiv des Projekts Holosy des HGBJ.
47 Mündliche Erzählung von Iryna S., Aufzeichnung vom 12. 7. 2020, Archiv des Projekts Holosy des HGBJ.
48 Mündliche Erzählung von Olena K., Aufzeichnung vom 28. 7. 2020, Archiv des Projekts Holosy des HGBJ.

ist es übrigens genauso – ist es, Schilderungen einer allgemein menschlichen Haltung gegenüber anderen einzufügen, die über Feindschaft und Hass erhaben ist. Oft entstehen diese Erzählstränge symmetrisch: Die Erzählerin erwähnt anfangs die menschliche Haltung der Deutschen gegenüber sich, ihrer Familie, ihren Kindern, komplementär dazu stehen die Erinnerungen an den humanen Umgang mit den deutschen Kriegsgefangenen nach Kriegsende.

> Bei uns ging die Straße zum Flughafen vorbei. Sie war vollkommen kaputt und wurde von deutschen Kriegsgefangenen instand gesetzt. Ich war neun Jahre alt … Die Deutschen verlegten Pflaster. Einer hat ständig auf der Mundharmonika »Rosamunde« gespielt. Das fanden wir als Kinder natürlich spannend. Da sind wir hingegangen und haben zugehört. Einmal bin ich allein hingegangen und da hat er mich gefragt, ob ich möchte, dass er »Rosamunde« spielt. Ja, will ich, also in gebrochener Sprache. Und da hat er »Rosamunde« gespielt. Dann habe ich ihm ein Stück Würfelzucker von meiner Mutter gebracht. Sie hat ein Stück abgeschlagen, in Zeitungspapier gewickelt und gesagt, bring das diesem guten Deutschen. Er hat beinahe getanzt, dass er von einer jungen ukrainischen Frau ein Stück Zucker bekommen hat.[49]

Bei der Auswertung einer Vielzahl an mündlichen Erzählungen über die Besatzung von Charkiv habe ich eine weitere charakteristische Kompositionseigenschaft der weiblichen Erzählungen festgestellt: den Versuch, den Beginn der Besatzung thematisch in einem eigenen Block zu fassen und ihn mithilfe bestimmter Metaphern zu einem *liminal space*, zu einem Schwellenraum, zu machen. In diesem Moment nimmt sogar die Geschwindigkeit in der Erzählung der Frauen ab, ihre Stimme wird leiser, ihr Sprechen episch. Der »Raum des Übergangs« in die neue Existenz unter der Besatzung wird in den mündlichen Erzählungen häufig mit dem Bild der leeren Straßen der Stadt und eines symbolischen Feuerscheins markiert:

> Der Krieg fing an – ich war neun, als der Krieg anfing. Also, am Anfang, ja, als die Deutschen dann kamen, da war es sehr interessant … dass es still war, kein Feuer, kein Bombardement. Du hast aus dem Fenster geguckt und – Stille. Kein Auto, kein Mensch, niemand. So eine Leere. Und da stehen wir am Fenster und schauen raus, meine Oma und ich. Wir waren im Erdgeschoss. In dem Moment kommen Deutsche aus dem Zentrum von Char'kov und gehen Richtung Gorkij-Park. Ein paar Deutsche. Sie gehen ruhig, keiner behelligt sie, und sie marschieren. Einige wenige, nicht viele.[50]

---

49 Mündliche Erzählung von Lidija H., Aufzeichnung vom 25.12.2020, Privatarchiv der Autorin.
50 Mündliche Erzählung von Lidija H., Aufzeichnung vom 21.9.2020, Archiv des Projekts Holosy des HGBJ.

> ... ich kann mich noch erinnern, ich war ein kleines Mädchen, als die Deutschen nach Charkiv kamen, es gab einen Feuerschein, sie sind vom Kalten Berg her gekommen, und alle waren natürlich wie gebannt von diesem Feuerschein. Das war's. Und dann befanden wir uns auf dem Gebiet, das von den Deutschen besetzt war.[51]

Alle mündlichen Erzählungen, mit denen ich in meiner Untersuchung zur Besatzung Charkivs gearbeitet habe, wurden mit Personen aufgezeichnet, die zum Zeitpunkt der Ereignisse entweder Jugendliche oder kleine Kinder waren. Deswegen taucht in ihren Schilderungen, unabhängig davon, ob es sich um männliche oder weibliche handelt, natürlich die Figur der Mutter als wichtigste Bezugsperson auf. Die Ausführungen über die Mutter sind in jeder mündlichen Erzählung präsent, und die Darstellung ihrer Handlungen und Gefühle nivelliert alle Unterschiede im männlichen und weiblichen Erzählen: Die Erzählungen der Männer über ihre Mütter sind ebenso emotional, detailliert und sensibel gegenüber den Gefühlen des nahestehenden Menschen wie die Erzählungen der Frauen. Sie zeigen, wie wichtig die Figur der Mutter in körperlicher Hinsicht für das Überleben des Kindes in den Kriegsjahren war und wie wichtig sie in emotionaler Hinsicht für die Erinnerung an die Kriegsereignisse und die Komposition des Narrativs ist.

Fazit

In der Untersuchung mündlicher Erzählungen von Frauen über die deutsche Besatzung in Charkiv von 1941 bis 1943 habe ich das Alltagsleben in der besetzten Stadt unter dem Aspekt der dort entwickelten weiblichen Lebens- und Überlebensstrategien analysiert. Das Hauptaugenmerk lag darauf, Stränge in der alltäglichen Kommunikation mit den Besatzern herauszuarbeiten, die im Gegensatz zu den extremen Widerstands- und Überlebensstrategien einen alltäglichen Charakter aufwiesen. Darüber hinaus konnten in der Auswertung der weiblichen mündlichen Erzählungen Besonderheiten in den Erinnerungen an die Besatzung gezeigt werden, angefangen von der durchweg emotionalen Färbung bis zur Nutzung von künstlerischen Mitteln in der Darstellung.

Natürlich bleibt die Analyse von oralhistorischen Zeugnissen praktisch immer offen für weitere Interpretationen und Erklärungen. Die untersuchten Erzählungen von Frauen über die deutsche Besatzung in Charkiv bieten neben den von mir beschriebenen Überlebensstrategien, Kommunikationssträngen und Besonderheiten in der Erinnerung ein großes Potenzial zur

---

51 Mündliche Erzählung von Renada T., Aufzeichnung vom 27. 11. 2020, Archiv des Projekts Holosy des HGBJ.

Erforschung weiterer Themen und Fragestellungen. Historiker:innen müssen diesbezüglich unbedingt lernen, Fragen zu stellen, und das auch tun, solange sie dazu Gelegenheit haben. Denn wie seinerzeit der renommierte Oralhistoriker Paul Thompson unter Bezugnahme auf die bekannte Untersuchung von Philippe Ariès feststellte: »We simply do not have the liberty to invent which is possible for archaeologists of earlier epochs, or even for historians of the early modern family. We could not have presumed that parents did not suffer deeply from the deaths of their children, just because child death was so ordinary, without asking.«[52]

Aus dem Ukrainischen und Russischen von Claudia Dathe

Gelinada Grinchenko ist Professorin für Geschichte am Institut der Ukrainistik der Nationalen Vassyl-Karazin-Universität in Charkiv und Gastwissenschaftlerin an der Bergischen Universität Wuppertal im Rahmen der Philipp Schwartz-Initiative für geflüchtete Wissenschaftler:innen der Alexander von Humboldt-Stiftung.
g.grinchenko@karazin.ua

---

[52] Thompson/Bornat, *The Voice of the Past*, S. 237.

Katerina Sergatskova

Die Besatzung verändert das Leben für immer

Die Besatzung ist wie eine Flutwelle, die die Erde bei einer Überschwemmung überrollt. Das Wasser erreicht nicht alle Häuser gleichzeitig. Zuerst flutet es die Straßen, und wenn es auf einen Widerstand stößt – ein Gebäude oder einen Zaun –, staut es sich und sucht sich Ritzen, durch die es unaufhaltsam weiter vordringt, bis es ein Haus nach dem anderen erobert hat, mit allem, was darin ist.

In den Wochen und Monaten nach dem 24. Februar 2022, als Russland seinen offenen Angriff startete, widerfuhr dieses Schicksal rund einem Drittel des ukrainischen Territoriums. Wie Wasser nach einem Dammbruch rollten die russischen Soldaten auf Panzern in die Städte im Norden, Osten und Süden des Landes und vernichteten alles, was ihnen in die Quere kam.

Wenn man Bilder aus den ersten Tagen nach dem Einmarsch der Russen in die ukrainischen Städte sieht, drängen sich unweigerlich Analogien zu den Filmchroniken der deutschen Besatzung während des Zweiten Weltkrieges auf. Die meisten der noch öffentlich zugänglichen Bilder aus dem Sommer 1941 zeigen Stadtbewohner, die die deutschen Besatzer mit Blumen und Fahnen willkommen heißen und Schriften und Hilfspakete in Empfang nehmen. Genau diese Bilder hat die nationalsozialistische Propaganda genutzt, um den Menschen in Deutschland und den mit ihm verbündeten faschistischen Staaten zu suggerieren, dass die Besatzung von der örtlichen Bevölkerung willkommen geheißen werde. Im Jahr 2022 hat die russländische Propaganda viel Mühe darauf verwendet, ihre eigene Bevölkerung glauben zu machen, dass die Ukrainer die Besatzungstruppen willkommen hießen. Doch die Realität widersetzte sich der Inszenierung. Die Ukrainer haben die russländischen Truppen nicht mit Blumen empfangen, sondern mit Knüppeln, antirussischen Plakaten und Parolen wie »Raus aus ukrainischem Land«. Also mussten die Besatzer andere Wege finden, um die eroberten Gebiete unter ihre Kontrolle zu bringen.

Die erste Besatzungserfahrung: Krim 2014

Erste Erfahrungen mit russländischer Besatzung hatten die Ukrainer bereits im Jahr 2014 gemacht, als russländische Truppen die Halbinsel Krim besetzten, dort ein sogenanntes Referendum zum Status der Krim abhielten – was de facto einer Annexion gleichkam – und ein Besatzungsregime errichteten. Die ersten offiziellen und im Alltag spürbaren Anzeichen dieses Regimes waren Kontrollpunkte auf der Halbinsel und an der Grenze zum ukrainischen Festland, an denen die Pässe all derer, die in dem besetzten Gebiet unterwegs waren, kontrolliert wurden. Bereits nach relativ kurzer Zeit kamen bei den Kontrollen an der Verwaltungsgrenze Mitarbeiter des russländischen Sicherheitsdienstes FSB zum Einsatz. Erschienen ihnen Personen verdächtig, weil sie etwa ukrainische Symbole trugen oder bezüglich der Krim und der Ukraine eine einschlägige Haltung vertraten, mussten die Betreffenden damit rechnen, festgehalten und verhaftet zu werden. Schon bald kam es auf der Krim auch vermehrt zu Kontrollen auf offener Straße. Paramilitärische Einheiten ohne Hoheitszeichen, wie etwa die sogenannten Selbstverteidigungskräfte der Krim (Samooborona Kryma), konnten willkürlich Personen festnehmen, die sie für verdächtig hielten oder deren Verhalten gegenüber den Besatzern ihnen illoyal oder unangemessen erschien.

Kurz nach der Annexion der Krim begannen schließlich die prorussischen Proteste in Donec'k, Luhans'k und anderen Städten des Donbas. Mithilfe russländischer Politstrategen und groß angelegter Propaganda wollten örtliche prorussische Kräfte die lokale Bevölkerung zur Abspaltung von der Ukraine bewegen und propagierten wahlweise die Autonomie der betreffenden Regionen oder – nach dem Beispiel der Krim – den Anschluss an Russland. Anfangs versuchten proukrainische Bürger, den Separatisten mit eigenen Aktionen etwas entgegenzusetzen, schnell jedoch eskalierte die Lage. Die Sicherheits- und Verwaltungsorgane in Donec'k und Luhans'k schlugen sich auf die Seite der prorussischen Separatisten. Das war das Ende des zivilen und der Beginn des bewaffneten Widerstands.

So begann der Krieg zwischen den ukrainischen Streitkräften und den Separatisten, die von russländischen Machtorganen unterstützt wurden. Wie auf der Krim wurden auch hier die Errichtung von Kontrollposten in den Städten und an den Außengrenzen der von den Separatisten kontrollierten Gebiete sowie spontane Kontrollen von Bürgern auf der Straße und an öffentlichen Orten zum ersten und wichtigsten Merkmal der Besatzung. Bald darauf folgten die Verhaftungen von proukrainischen Aktivisten, Journalisten und von Personen mit hohem öffentlichem Ansehen.

Hatten die Besatzer auf diese Weise erst einmal die vollständige Kontrolle über ein Territorium gewonnen, mussten die proukrainisch aktiven Bürger im Interesse ihrer eigenen Sicherheit entweder ausreisen oder untertauchen und ihre Tätigkeit im Untergrund weiterführen. Auf der anderen Seite schlug nun die Stunde der Profiteure, und jene betraten die Bühne, die in der Besatzung eine Möglichkeit sahen, um Karriere zu machen oder sich zu bereichern.

Drei Szenarien: Temporäre, taktische und eingliedernde Besatzung

Seit 2014 haben die Menschen in den besetzten Gebieten der Ukraine drei maßgebliche Besatzungsszenarien erlebt.

Temporäre Besatzung

Das erste Szenario ist die temporäre Besatzung. Sie dauert mehrere Wochen bis einige Monate. Dieses Szenario zeichnet sich in der Regel durch erbitterte Kämpfe auf dem eroberten Gebiet, anhaltende militärische und zivile Gegenwehr sowie eine chaotische Besatzungsverwaltung aus, die häufig Gewalt gegen die lokale Bevölkerung einsetzt.

Ein Beispiel für dieses Szenario der Besatzung bietet die Stadt Slovjans'k im Gebiet Donec'k. Im April 2014 eroberten prorussische Separatisten dort die Macht, während in der Stadt Donec'k noch proukrainische Demonstrationen und Protestaktionen stattfanden. Die Separatisten erklärten Slovjans'k zur Hauptstadt der sogenannten Volksrepublik Donec'k und konzentrierten dort alle ihre administrativen und militärischen Kräfte. Zuständig für die militärische Führung der prorussischen Einheiten und teilweise auch für die zivile Verwaltung der Stadt war Igor' Girkin alias Strelkov, ein ehemaliger FSB-Mitarbeiter und zugleich einer der mutmaßlichen Hauptverantwortlichen für den Abschuss der malaysischen Boeing MH17 über dem Gebiet Donec'k im Juli 2014. Er führte auf den ihm unterstellten Gebieten eigene Gesetze ein, nach denen lokale Bewohner verurteilt wurden, wenn sie eine Regel verletzt oder eine von ihm zur Straftat erklärte Handlung begangen hatten. Die Höchststrafe war das Erschießen – Strelkovs Untergebene töteten auf Grundlage dieser willkürlichen Besatzungsgesetze tatsächlich Menschen.

Die Besatzung von Slovjans'k durch die Separatisten dauerte vom 12. April bis zum 5. Juli 2014. In dieser Zeit waren Verbrechen an der Tagesordnung, Menschen wurden verschleppt, zusammengeschlagen und ermordet. Gewalt wurde erfolgreich zur Einschüchterung der Bevölkerung eingesetzt, um den zivilgesellschaftlichen Widerstand zu brechen und Personen für militärische Einsätze gefügig zu machen. Im Sommer 2014 zogen sich die separatistischen Kräfte vor der anrückenden ukrainischen Armee aus Slovjans'k zurück, eroberten Donec'k – die größte Stadt im Donbas – und errichteten dort ein Besatzungsregime, das bis zum heutigen Tag andauert. Dabei bedienten sie sich der gleichen Methoden wie in Slovjans'k.

Ganz ähnlich ging es acht Jahre später in den Städten zu, die im Zuge des Überfalls auf die Ukraine 2022 von der russländischen Armee besetzt wurden. Augenzeugen der Besatzung in den Gebieten Cherson, Charkiv und Donec'k, die sich zwischen acht und neun Monaten unter russländischer

Besatzung befanden, berichten übereinstimmend von den gleichen Praktiken. Unmittelbar nach dem Einmarsch der russländischen Truppen versuchte die lokale Bevölkerung Widerstand zu leisten. Fast überall kam es zu Massenprotesten und Aufständen. Doch der Preis für den Widerstand war hoch, zu hoch. Hanna Volkovičer, eine Bewohnerin von Cherson, engagierte sich während der Besatzung als Freiwillige. Sie berichtet, dass die Menschen in Cherson, darunter auch sie selbst, zu Beginn der Invasion beinahe täglich auf die Straße gegangen seien, um gegen die bewaffneten russländischen Invasoren zu demonstrieren. Sie seien überzeugt gewesen, den Soldaten auf diese Weise klarmachen zu können, dass Cherson nichts von Russland wissen wolle, woraufhin die Besatzer abziehen würden. »Wir waren naiv«, gesteht sie.[1] Kurz darauf begannen die Besatzer mit der Einschüchterung der örtlichen Aktivisten. Sie kamen zu ihnen nach Hause, führten Razzien durch, nahmen Personen fest. Hunderte Menschen wurden in Gefängnisse und Keller gesperrt, wo sie geschlagen und gefoltert wurden. Auf diese Weise wollte man ihnen Informationen über die Zusammenarbeit mit den ukrainischen Militärbehörden abpressen und sie zwingen, auf die Seite Russlands zu wechseln. Viele dieser willkürlich verhafteten Personen wurden später tot aufgefunden oder sind bis heute verschollen.

»Die Zahl derer, die gegen Russlands Einmarsch protestierten, wurde immer kleiner, und sie [die Besatzer] wurden wütender und wütender«, erinnert sich Hanna Volkovičer. »Einmal lösten sie eine Demonstration auf: Sie warfen Blendgranaten, einem Mann schossen sie ins Bein. Es war gefährlich. Ich ertappte mich dabei, wie ich nur noch mit gesenktem Kopf durch die Stadt lief, und mir wurde übel.«[2]

Die Besatzer verfolgten das Ziel, jede Stadt, die sie erobert hatten, vollständig unter ihre Kontrolle zu bringen, und der Widerstand der Ukrainer stand ihnen dabei im Wege. Während die russländische Propaganda glückliche Einwohner von Cherson oder Mariupol' zeigen wollte, die sich über Russlands Präsenz in ihren Städten freuen, bewarfen abseits der Kameras unbewaffnete Bürger die Soldaten mit Steinen.

Für die russländischen Befehlshaber kamen derartige Aktionen einer Erniedrigung gleich, die eine Verschärfung der Kontrollen erforderlich machte – mit schwerwiegenden Folgen für die Zivilbevölkerung. So erzählte mir Kateryna, eine andere Bewohnerin aus Cherson, die anonym bleiben möchte, wie ein Scharfschütze ihren Mann erschoss:[3] Er, sie und ihr kleines Kind waren im Auto auf dem Weg nach Hause, hatten aber die Ausgangssperre[4]

---

1 Interview mit Hanna Volkovičer, 1. 12. 2022.
2 Ebd.
3 Interview mit Kateryna, 23. 11. 2022.
4 Überall in der Ukraine, sowohl in den besetzten als auch in den freien Gebieten, gelten zu jeweils unterschiedlichen Zeiten Ausgangssperren, um Personenbewegungen bei Nacht besser kontrollieren zu können. Zuwiderhandlungen werden in der Regel mit einer Festnahme oder einer Strafe geahndet.

nicht im Blick und sich um zehn Minuten verspätet. Die Besatzer unternahmen nicht einmal den Versuch, das Auto anzuhalten und herauszufinden, wer darin unterwegs war, sondern erledigten die Sache mit einem Schuss auf den Fahrer. Katerynas Mann starb an Ort und Stelle, sie selbst und das Kind erlitten zahlreiche Frakturen, als das führerlose Fahrzeug anschließend gegen eine Mauer prallte. Kateryna wollte die Sache nicht auf sich beruhen lassen und erstattete bei der Polizei Anzeige wegen Mordes. Dort jedoch wurde ihr beschieden, ein derartiges Verhalten könne ernsthafte Konsequenzen nach sich ziehen. Schließlich wurde der Mord ihres Mannes als Herzinfarkt deklariert. Niemand wollte Untersuchungen darüber anstellen, was wirklich passiert war.

Während der temporären Besatzung wurden die Städte von russländischen Kräften mithilfe einheimischer Kollaborateure verwaltet. In der Regel fanden sich jene zur Zusammenarbeit bereit, die schon in den vorangegangenen Jahren für einen prorussischen Kurs der Ukraine eingetreten waren, bereits seit längerer Zeit Beziehungen zu russländischen Politikern und Militärangehörigen unterhielten und diese mit geheimdienstlichen Informationen versorgten. Weigerten sich langjährige lokale Beamte, mit den Besatzern zu kollaborieren, was in einigen Städten vorkam, dann setzten die Russen ihnen genehme Personen ein. So ernannte man zum Beispiel in Berdjans'k im Süden der Ukraine einen Hauswart zum Vizebürgermeister.

Die Besatzung infolge des russischen Überfalls 2022 wird in der Ukraine häufig als »neue« oder »frische« Besatzung bezeichnet. Und trotz der bisher beschriebenen Ähnlichkeiten gibt es tatsächlich einiges, was die aktuelle Situation von der Besatzung im Jahr 2014 unterscheidet. Anders als damals werden die Gebiete heute nicht durch heimlich von Russland unterstützte lokale Separatisten kontrolliert, sondern direkt von professionellen russländischen Militäreinheiten und FSB-Offizieren. Letztere gingen und gehen sehr viel grausamer gegen die Zivilbevölkerung vor, als seinerzeit die Separatisten. Es gibt viele Augenzeugenberichte darüber, dass die Russen sogar ihre ›Kollegen‹, also die lokalen Kollaborateure, als Kanonenfutter einsetzten. Im Unterschied zu den russländischen Offizieren der Separatisten schickten sie zum Beispiel die Kämpfer der Volksrepublik Donec'k und der Volksrepublik Luhans'k an die gefährlichsten Frontabschnitte und überließen ihnen die schmutzigsten Aufgaben.

Von der alten Form der temporären Besatzung unterscheidet sich die neue außerdem dadurch, dass die Besatzer nahezu allen Zivilisten gegenüber feindlich gesinnt sind und überall Verrat wittern. Oleksandr, ein Einwohner der im Süden des Gebiets Zaporižžja gelegenen Stadt Melitopol', die im Februar 2022 besetzt wurde, saß zehn Tage lang im Gefängnis, weil er den Telegram-Kanal einer proukrainischen Lokalzeitung abonniert hatte.[5]

---

5 Interview mit Oleksandr, 2. 6. 2023.

Der Vierzigjährige wurde auf der Straße festgenommen, als er die Nachrichten auf seinem Handy las. Normalerweise, so erinnert sich Oleksandr, benutzte er ein anderes Telefon, auf dem sich keine sensiblen Daten befanden. Diese Gewohnheit war der Besatzung geschuldet: Die meisten Personen, die den Besatzern auf die eine oder andere Weise Widerstand leisteten, versteckten ihre hauptsächlich genutzten portablen Geräte oder Computer sowie etwaige Notizen zu Hause oder an einem geheimen Ort, wo sie im Fall einer Razzia schwerer zu finden waren.

Oleksandr wurde vorgeworfen, Informationen eines der Besatzung feindlich gesinnten Mediums konsumiert zu haben und ein potenzieller Terrorist zu sein, der für die Streitkräfte der Ukraine arbeite. Zwar wurde er später freigelassen, doch wurde ihm sein Pass abgenommen. Trotzdem schaffte er es, auf halblegalem Weg nach Europa zu gelangen. Im Gespräch berichtet er, im Gefängnis vielen anderen vermeintlichen Terroristen wie ihm selbst begegnet zu sein.

Taktische Besatzung

Etwas anders gestaltete sich die Lage in den Städten, die die russländische Armee zu Beginn der Invasion während ihres Vormarschs auf Kyjiv im Norden der Ukraine einnahm. Auf dem Weg zu ihrem zentralen Ziel nutzten die Besatzer die eroberten Städte als zeitweilige Versorgungsstützpunkte, in denen sie Kommando- und Aufklärungsposten errichteten sowie Waffen, Kleidung und Essen requirierten. In Ermangelung eigener Ressourcen mussten die russländischen Truppen die zivile Infrastruktur für ihre Bedürfnisse nutzen. Sie wohnten in Schulen und Lehranstalten, besetzten aber häufig auch private Gebäude und Wohnungen.

Um sich das Gewünschte zu verschaffen, waren die Besatzer jedoch auf lokale Kollaborateure angewiesen oder mussten lokale Politiker und Verwaltungsbeamte zur Zusammenarbeit zwingen. Das stellte sich im Norden als problematisch heraus. Zahlreiche Untersuchungen deuten darauf hin,[6] dass sich die russische Seite bei ihren Planungen auf Informationen des Nachrichtendienstes und auf Auskünfte von Kollaborateuren aus den Reihen ukrainischer Abgeordneter und Militärs stützte, die versprochen hatten, vor Ort alles Nötige zu regeln, ihre Versprechen jedoch häufig nicht einhielten. Aus diesem Grund stießen die Besatzer bei ihrem Vorstoß in den Norden der Ukraine schon bald auf Schwierigkeiten, die zu ihrer Niederlage führten.

Wenn die Besatzer merkten, dass ihnen die geforderte Unterstützung verweigert wurde, wandten sie häufig die Taktik der *soft power* an. So erzählt zum Beispiel Serhij Harus, der Vorsitzende des Gemeinderats von Ripky

---

6 Mari Saito / Maria Svetkova, »How Russia Spread a Secret Web of Agents across Ukraine«, 28. 7. 2022; online unter: https://www.reuters.com/investigates/special-report/ukraine-crisis-russia-saboteurs/ [18. 1. 2024].

nahe der belarussischen Grenze, zu Beginn der Invasion seien russländische und belarussische Kommandeure gekommen, um sich mit ihm über die Versorgung mit Nahrungsmitteln, Wasser und anderen kritischen Gütern abzustimmen. »Als wir sagten, dass wir sie hier nicht bräuchten, dass wir ohne sie zurechtkämen und uns selbst organisieren könnten, antwortete der Kommandeur der Russischen Nationalgarde: ›Dann gliedern wir euch an Belarus an, wenn ihr alles habt.‹«[7]

Mit dem Versprechen, dass die Besatzung des Gebiets nur vorübergehend sei, sie die örtliche Bevölkerung nicht behelligen würden und alles still und leise vonstattengehen werde, hielten sie ihn davon ab, sich den Besatzern zu widersetzen. Wer sich von der Taktik der *soft power* nicht beeindrucken ließ und die Füße nicht stillhalten wollte, fand sich in Folterkammern wieder, die von den Besatzern in Schulen sowie in Kellern von Verwaltungsgebäuden und Wohnheimen umgehend eingerichtet wurden. Dutzende von Ukrainern wurden in Buča, Irpin' und anderen Kleinstädten im Norden der Gebiete Kyjiv und Černihiv gefoltert. Viele Menschen kamen um, weil sie den Besatzern aktiv Widerstand leisteten oder als Freiwillige die lokale Bevölkerung mit Lebensmitteln versorgten oder Menschen bei der Flucht unterstützten – die russländischen Soldaten wollten sie loswerden, damit sie ihnen dort, wo Kampfhandlungen stattfanden oder Spionageaktionen liefen, nicht in die Quere kamen.

Unter der taktischen Besatzung kam es neben umfangreichen Plünderungen auch zur Ausübung sexueller Gewalt. Nachweislich haben russländische Soldaten während der Besatzung der Kleinstädte bei Kyjiv Dutzende Frauen, Männer und sogar Kinder vergewaltigt.[8] Diese Verbrechen geschahen nicht zufällig oder spontan, sondern hatten systematischen Charakter. Das Ausmaß der Übergriffe spricht für sich: Die ukrainische Staatsanwaltschaft verzeichnet bislang mehr als 250 Fälle von Vergewaltigungen von Einwohnern in verschiedenen Teilen des Landes während der Besatzung.[9] Die tatsächliche Zahl dürfte indes noch sehr viel höher sein. In den meisten der Öffentlichkeit bekannten Fällen brachen die Besatzer in die Häuser der Einwohner ein und vergewaltigten Frauen und Kinder, mitunter in Gegenwart ihrer Ehemänner, von denen die Vergewaltiger annahmen, dass sie mit dem ukrainischen Geheimdienst in Verbindung standen. Nach dem Akt der sexuellen Gewalt wurden die Männer von den russländischen Besatzern getötet. Menschenrechtsgruppen zufolge ist die Ausübung sexueller Gewalt

---

7 Roman Stepanovych, »Belarus Participated in the Invasion of Ukraine as ›Little Green Men‹«, 22.3.2023; online unter: https://zaborona.com/en/belarus-participated-in-the-invasion-of-ukraine/ [18.1.2024].

8 Janice Dickson / Kateryna Hatsenko, »Sexually Assaulted by Russian Soldiers, Survivors in Ukraine Break Silence to Seek Justice«, in: *The Globe and Mail*, 13.12.2023; online unter: https://www.theglobeandmail.com/world/article-sexually-assaulted-by-russian-troops-survivors-in-ukraine-begin-to/ [18.1.2024].

9 Ebd.

ein fester Bestandteil der russländischen Kriegsführung, mit der die örtliche Bevölkerung eingeschüchtert werden und der Widerstand dauerhaft gebrochen werden soll.

Ebenfalls zum Repertoire der Besatzer gehören Plünderungen, wie sie unter anderem während der Belagerung von Kyjiv verübt wurden. Da der Nachschub an Nahrungsmitteln, Kleidung und anderen lebensnotwendigen Dingen fehlte, plünderten die russländischen Soldaten in den ersten Invasionstagen lokale Geschäfte und requirierten von den Bewohnern Lebensmittel und Haushaltstechnik. Noch größere Plünderungen folgten, als sich die Truppen nach dem gescheiterten Angriff auf Kyjiv Ende März 2022 zurückzogen. Bei ihrem Abzug entwendeten sie aus Privathäusern Mikrowellen, Waschmaschinen und Kleidung, aus Schulen und Hochschulen holten sie technische Geräte und aus Krankenhäusern Medizintechnik.[10] In manchen Häusern hinterließen die Besatzer Botschaften zur Erinnerung an ihre Präsenz. »Sorry, das ist ein Befehl«, schrieben sie auf den Zaun vor einem Einfamilienhaus. Zur gleichen Zeit machte ein russländischer Soldat ein Selfie mit einer Sofortbildkamera, die er Zivilisten in einem Einfamilienhaus in Irpin' gestohlen hatte, und ließ das Foto versehentlich liegen. Viele Besatzer konnten identifiziert werden, weil sie örtliche Bewohner ausgeraubt hatten.

Eingliedernde Besatzung

Teile der Gebiete Donec'k und Luhans'k und die Halbinsel Krim sind seit mittlerweile zehn Jahren besetzt. Das Leben in diesen Gebieten unterscheidet sich nicht nur radikal von dem vormaligen Leben in der Ukraine, sondern auch von der Lage, in der sich die im Jahr 2022 besetzten Städte gegenwärtig befinden. Eine lang anhaltende Besatzung führt zu tiefgreifenderen Änderungen im Alltag und im Denken als eine zeitlich kürzer befristete.

Wann wird der Kipppunkt erreicht, von dem an eine Rückkehr in den früheren Zustand nicht mehr möglich ist? Manche Forscher, die die Auswirkungen von Besatzung auf die menschliche Psyche untersuchen, sind der Ansicht, dass es etwa zwei Jahre dauert, ehe eine Gewöhnung an die neuen Umstände eintritt und Denken und Handeln der Betroffenen sich nachhaltig wandeln. In dieser Zeit kann es zu radikalen Änderungen von Gewohnheiten und Reaktionsmustern kommen wie auch zu Umdeutungen des Erlebten und der eigenen Situation. Die Voraussetzung für derartige Veränderungen ist das Entstehen dauerhafter neuer Bedingungen.

Für das Gebiet Donec'k realisierten sich diese neuen Bedingungen höchstwahrscheinlich mit der Unterzeichnung des Minsker Abkommens

---

10 Iryna Domashchenko, »Stolen Clothes, Gold and Scooters. Prosecuting Russian Looting«, 22.11.2022; online unter: https://iwpr.net/global-voices/prosecuting-russian-looting [18.1.2024].

durch die ukrainische Regierung und Vertreter der sogenannten Volksrepubliken Donec'k und Luhans'k im Februar 2015, das unter Mitwirkung der Präsidenten der Ukraine, Russlands und Frankreichs sowie der deutschen Bundeskanzlerin Merkel zustande gekommen war. Zu diesem Zeitpunkt tobten die Kämpfe um Debal'ceve, eine Stadt an der Grenze zwischen den Gebieten Donec'k und Luhans'k, die ein wichtiger Verkehrsknotenpunkt für die gesamte Region ist. Als die Separatisten die Stadt mithilfe russischer Truppen eingenommen hatten, war klar, dass es auf absehbare Zeit nicht möglich sein würde, die besetzten Gebiete zurückzuerobern und sie wieder unter ukrainische Kontrolle zu bringen – der Vorteil lag klar aufseiten der prorussischen Separatisten.

Infrastrukturelle Änderungen sind ein guter Indikator für eine lang andauernde Besatzung. Bereits einen Monat vor der Unterzeichnung der Minsker Verträge waren die direkten ukrainischen Zugverbindungen nach Luhans'k, Donec'k und Simferopol' eingestellt worden. Bis dahin hatten die Bahnstrecken die besetzten Gebiete mit der Hauptstadt Kyjiv sowie mit dem Rest der Ukraine verbunden und es den Menschen erlaubt, sich relativ frei zwischen den geteilten Territorien zu bewegen. Zeitgleich mit der Einstellung des Eisenbahnverkehrs wurden ständige Kontrollpunkte eingerichtet, an denen ukrainische Grenzbeamte ihre Arbeit aufnahmen. Sie registrierten, welche ukrainischen Staatsbürger in die besetzten Gebiete fuhren und wer in die von der Ukraine kontrollierten Gebiete einreiste – wofür eine Sondergenehmigung erforderlich war. Damals schon nahmen die Besatzungsgrenzen im Donbas und auf der Krim feste Formen an und blieben bis zum Beginn der russländischen Großinvasion im Jahr 2022 nahezu unverändert.

Die Verfestigung der Besatzungsgrenzen führte neben strengeren Personenkontrollen auch zu der Einsicht, dass die Besatzung keine vorübergehende, sondern eine dauerhafte Erscheinung war, eine durchaus stabile Konstante, mit der man fortan rechnen musste. Für die Menschen in den besetzten Gebieten änderten sich damit die alltäglichen Lebensbedingungen: Statt ukrainischer kamen russische Lebensmittel in die Regale, statt ukrainischen Benzins wurde russisches verkauft, statt ukrainischer Verkehrsbetriebe waren lokale und russische tätig. Unternehmen, die zuvor in der Region aktiv gewesen waren, siedelten entweder auf ukrainisches Gebiet über oder mussten sich in den besetzten Gebieten neu registrieren lassen. Doch nicht nur der gesamte Markt stellte sich neu auf, auch die staatlichen Institutionen waren von dem Wechsel betroffen.

Dasselbe vollzog sich auf der Krim, allerdings mit einem wichtigen Unterschied. Im Gegensatz zum Donbas wurde die Halbinsel sofort in den russländischen Staat eingegliedert, und die örtliche Bevölkerung erhielt russländische Pässe. Ohne die neuen Ausweise konnten keinerlei Aktivitäten, zum Beispiel die Aufnahme einer Arbeit oder die Anmeldung einer Firma, unternommen werden.

Leitungspositionen wurden in den besetzten Gebieten nach demselben Prinzip vergeben wie im Szenario der temporären Besatzung: An die Macht gelangte, wer schon lange mit Russland kooperiert hatte oder wer den Besatzern während der Proteste und der Vorbereitung der Eroberung entsprechend positiv aufgefallen war. Auf der Krim wurde auf diese Weise Serhij Aksenov zur Hauptfigur, ein bis dahin unbedeutender Politiker, der der Partei Russische Einheit (Russkoje jedinstvo) vorgestanden hatte, in Donec'k war es Oleksandr Pušylin, ein Mann, der zuvor mit windigen Finanztransaktionen sein Geld verdient hatte.

Mit der Zeit passten sich die Einwohner der ukrainischen Städte an das Szenario der dauerhaften Besatzung an. Bereits im Jahr 2015 wurde sowohl den Menschen auf der Krim als auch im Donbas bewusst, dass die neue Realität lange Zeit Bestand haben würde, was eine zweite Welle erzwungener Migration auslöste. Die erste hatte 2014 unter dem Eindruck der Gefechte zwischen den prorussischen Separatisten und der ukrainischen Armee und angesichts der Verfolgungen ukrainischer Aktivisten eingesetzt. Nach der Verabschiedung des Minsker Abkommens reisten all jene in die unter ukrainischer Kontrolle stehenden Gebiete aus, die keine Steuern an die Besatzer zahlen, nicht mit ihnen in quasistaatlichen Institutionen zusammenarbeiten oder ihre Kinder nicht in die dortigen Schulen und Universitäten schicken wollten, denen die meisten hochqualifizierten Fachkräfte inzwischen den Rücken gekehrt hatten. Viele Menschen blieben jedoch vor Ort. Und obwohl sie dafür die unterschiedlichsten Gründe hatten, bildete sich in Kyjiv nach und nach die Ansicht heraus, bei den Bewohnern der besetzten Gebiete handele es sich um Menschen, die der Ukraine den Rücken gekehrt und die sogenannten Volksrepubliken oder gar Russland zu ihrer neuen Heimat erkoren hatten. Tatsächlich aber leben de facto nach wie vor etliche Menschen mit einer proukrainischen Haltung weiter unter der dauerhaften Besatzung. Diejenigen, die sich unter der Besatzung befanden beziehungsweise sich dort registrieren ließen, bevor sie sich zum Gehen entschlossen, mussten nach ihrem Umzug in andere Gebiete der Ukraine einige zusätzliche Auflagen erfüllen. Die Zwangsumgesiedelten mussten etwa bei staatlichen Institutionen oder Banken nachweisen, dass sie dauerhaft auf von der Ukraine kontrolliertem Gebiet ansässig sind und keine Steuern an die Besatzer zahlen. Die eingliedernde Besatzung verschärfte die Vorbehalte zwischen den Menschen dies- und jenseits der Grenze und vertiefte die Gräben zwischen den Gesellschaften beiderseits der Kontrollpunkte.

Das Alltagsleben unter russländischer Besatzung

Was ist das Hauptziel der Besatzung? Zu Beginn der Invasion im Jahr 2022 verkündeten die russländischen Machthaber, es handele sich um eine Spezialoperation zur Entnazifizierung und Demilitarisierung der Ukraine. Umfang und Ziele dieser Operation wurden jedoch von ihnen bei verschiedenen Gelegenheiten unterschiedlich bestimmt. So war den offiziellen Erklärungen des russländischen Präsidialamtes mehrfach zu entnehmen, man wolle eine neue ukrainische Führung einsetzen, die nicht länger dem Westen gefügig wäre. Am erfolgreichsten war die militärische Offensive in den grenznahen Gebieten im Süden und Osten der Ukraine. Ein halbes Jahr nach Beginn der Invasion wurden dort sogenannte Referenden zum Anschluss der Gebiete an Russland abgehalten. Von dem ursprünglich propagierten Ziel eines Regimewechsels in Kyjiv war in diesem Zusammenhang keine Rede mehr. Offensichtlich diente das Vorgehen anderen ökonomischen und militärischen Zielen. Die russländische Armee besetzte strategisch wichtige Positionen am Schwarzen Meer und am Asowschen Meer, um Russlands geopolitischen Einfluss auf dem internationalen Parkett zu vergrößern. Darüber hinaus konnte sie Gebiete zusammenführen, die sich seit 2014 in der Gewalt der von Moskau unterstützten prorussischen Separatisten befanden.

Je wirksamer sich die Kontrolle über eine besetzte Region gestaltet, desto mehr Gewicht erlangt der besetzende Staat in der Auseinandersetzung mit seinem Nachbarn. Wie gut ein Gebiet kontrolliert werden kann, hängt nicht zuletzt davon ab, ob die Bevölkerung die Befehle der Besatzer ausführt oder sich ihnen widersetzt. Da es den Russen bei ihrem Vormarsch im Norden der Ukraine im Wesentlichen darauf ankam, Kommandopunkte zu errichten und so schnell wie möglich Zugang zur Grundversorgung zu erhalten, beschränkten sie sich auf diese Ziele und setzten weder Propaganda noch versierte und erfahrene Kollaborateure gegen die Bevölkerung ein. Zu den meisten benötigten Ressourcen verschafften sie sich umgehend Zugang unter Einsatz von Gewalt.

Unter den Bedingungen der temporären Besatzung im Süden und Osten, wo die Gebiete schnell und fast ohne Verluste erobert wurden und sich eine längere Militärpräsenz abzeichnete, lief die Propagandamaschine hingegen umgehend an. Die Besatzer mussten die örtliche Bevölkerung auf ihre Seite ziehen, damit Wirtschaft und Infrastruktur zum Nutzen der Invasoren weiterhin funktionierten.

Volodymyr Safonov, ein Mitarbeiter des Katastrophenschutzdienstes in Cherson, erzählt, die Besatzer seien in den ersten Tagen nach der Eroberung in die Verwaltung der Behörde gekommen und hätten den Mitarbeitern eine Zusammenarbeit angeboten.[11] Habe man abgelehnt, sei das Ange-

---

11 Interview mit Volodymyr Safonov, 8.12.2022.

bot an die niederen Dienstränge ergangen. Diese besäßen zwar weniger Erfahrung, seien aber eher zu einer Zusammenarbeit mit dem Feind bereit gewesen, da sich ihnen ein Karrieresprung, bessere Verdienstmöglichkeiten und weitere Aufstiegschancen geboten hätten.

Ein weiteres, für viele Personen ausschlaggebendes Motiv für die Kooperation mit den Besatzern bestand in der schlichten Tatsache, dass die Menschen in den betreffenden Städten andernfalls ohne einen funktionierenden Rettungsdienst gewesen wären, was vermutlich den Tod von Menschen zur Folge gehabt hätte. In einer ähnlichen Entscheidungssituation befanden sich die Beschäftigten in Krankenhäusern, Apotheken und anderen lebenswichtigen Einrichtungen. Auch viele Ärzte blieben, weil sie ihren Mitmenschen helfen wollten, selbst wenn sie dabei riskierten, nach der Besatzung unter das im März 2022 vom ukrainischen Parlament verabschiedete Kollaborationsgesetz zu fallen, das eine Zusammenarbeit mit den Besatzern unter Strafe stellt.

Vom Beweggrund der Solidarität ließen sich auch einfache Menschen leiten, die trotz ihrer proukrainischen Einstellung in den besetzten Gebieten blieben. Die Freiwillige Hanna Volkovičer erzählt, sie habe sich gemeinsam mit anderen Ehrenamtlichen dazu entschieden, Cherson nicht zu verlassen, da sie wussten, dass ihre Anwesenheit für vulnerable Bevölkerungsgruppen von entscheidender Bedeutung war.[12] Tatsächlich verloren viele Menschen mit Beginn der Besatzung Arbeit und Einkommen, und alleinerziehende Mütter, Rentner und Menschen mit Behinderungen erhielten keine Sozialleistungen mehr. Die Besatzer kümmerten sich nicht um diese Personengruppen.

Ein weiteres zentrales Problem bestand in der medizinischen Versorgung. Die Russen ließen keine ukrainischen LKWs mit Lebensmitteln und Medikamenten auf die besetzten Territorien und lehnten Hilfslieferungen von ukrainischer Seite prinzipiell ab. Die südlichen und östlichen Regionen, die an Russland und die besetzte Krim grenzen, wurden fortan mit Lieferungen aus der eigenen Produktion und eigenen Hilfsgütern versorgt. Wie Volkovičer berichtet, waren die russländischen Medikamente jedoch meist von minderer Qualität und nur bedingt wirksam. Einige hätten nicht den Bedürfnissen der Patienten und den Angaben auf den Rezepten entsprochen, andere seien aufgrund von Verboten und Gesetzen, die für die Umstellung von sanktionierten Waren auf einheimische Produkte verabschiedet worden waren, überhaupt nicht erhältlich gewesen. »Viele Tabletten wirken einfach nicht. Tabletten gegen Bluthochdruck zum Beispiel sind wie gemahlene Kreide, die brechen und bröckeln«, erzählt die Freiwillige.[13]

---

[12] Interview mit Hanna Volkovičer, 1.12.2022.
[13] Ebd.

In den Regionen, in denen die Lage dem Szenario der temporären Besatzung entspricht, ist die humanitäre Hilfe ein wichtiger Faktor. Die russländischen Besatzer – beziehungsweise zwischen 2014 und 2015 die prorussischen Separatisten – nutzen die Verteilung von Lebensmittelpaketen, Kleidung, Medikamenten und anderen lebenswichtigen Dingen, um die Unzufriedenheit der örtlichen Bevölkerung zu verringern und propagandataugliche Bilder zu inszenieren. Einwohner von Mariupol' erzählten, wie russländische Beamte, Politiker und Freiwillige während der Belagerung der Stadt im März und April 2022 in die Häuser kamen und Brot, Tee und Schokolade verteilten, zusammen mit Propagandaschriften, in denen die Vorzüge des Lebens unter russländischer Herrschaft ausgemalt wurden. Bei ihren Einsätzen wurden die Freiwilligen immer von einem Mitarbeiter eines Propagandaorgans oder einer Presseagentur begleitet, der die Verteilung der Hilfsgüter per Foto oder Video dokumentierte und das Material im Anschluss entsprechend medial aufbereitete.

Die Besatzung braucht die Propaganda, um den sozialen Druck zu senken, die Kriegsverbrechen zu leugnen, die Invasion zu rechtfertigen und Zukunftssymbole zu schaffen. »Russland hier und immer«, so lautet der meistverbreitete Slogan der russländischen Propaganda, und um dem zu entsprechen, werden in allen gesellschaftlichen Sphären Anstrengungen unternommen, angefangen von den Massenmedien bis hin zu den Schulbüchern.

Die Methoden der propagandistischen Indoktrination der Bevölkerung unter der Besatzung haben die Russen schon zwischen 2014 und 2015 auf der Krim und im Donbas entwickelt. Die Invasoren gründeten einen Informationsdienst, der Propagandamaterial für die örtliche Presse verfasste und die vorhandenen Presseerzeugnisse zur Staatstreue gegenüber Russland verpflichtete. So übernahmen zum Beispiel in Donec'k die Separatisten praktisch sofort die Kontrolle über die lokalen Fernsehsender. Während der Invasion 2022 versuchten die russländischen Militärs gleich in den ersten Tagen, die Sendetürme des ukrainischen Fernsehens und die lokalen Filialen der staatlichen Massenmedien zu erobern. Wo das nicht gelang, beschossen oder blockierten sie das Signal, um die Bevölkerung von Informationen von außen abzuschneiden. Als die Invasoren Mariupol' nach erbitterten Kämpfen und der Vernichtung tausender Menschenleben eingenommen hatten, installierten sie eine mobile Fernsehstation zur Übertragung russischer Sender. Diese Kanäle verkündeten den Bewohnern von Mariupol', dass sich andere ukrainische Städte ergeben und russländischer Kontrolle unterstellt hätten.

Gleichzeitig pflasterten die Besatzer die Straßenwände mit Plakaten und Graffiti, die ihre Propagandaslogans verbreiteten, und demonstrierten damit auf unübersehbare Weise ihre räumliche Präsenz. Während die Einwohner die russländischen Fahnen auf dem Gebäude der Stadtverwaltung im Stadtzentrum noch ignorieren konnten, wurden die riesigen Plakatwände auch in den entlegensten Stadtvierteln aufgestellt. Wahrscheinlich wurde deshalb das Abreißen der russischen Propagandaplakate zum vordergründigen Symbol für die Befreiung der ukrainischen Städte. Ein Foto, auf dem ukrainische Soldaten ein Plakat mit der Aufschrift »Russland hier und immer« herunterreißen, ist inzwischen Teil der ukrainischen Spottkultur.

Eine wichtige Rolle in den Szenarien der temporären und der eingliedernden Besatzung spielt schließlich die institutionell verankerte Umerziehung der Bevölkerung. Nachdem sich die Besatzer im Jahr 2022 in den ost- und südukrainischen Städten festgesetzt hatten, änderten sie sogleich die Lehrpläne der Schulen und Universitäten, auch das eine Praxis, die sie bereits im Donbas erprobt hatten. So wird zum Beispiel in den sogenannten Volksrepubliken statt »Geschichte der Ukraine« seither »Heimatgeschichte« unterrichtet, wobei die Geschichte des Donbas ohne Erwähnung des ukrainischen Staates vermittelt wird. Im Unterschied zu früher, als auch mehrere Jahre nach dem Beginn der Besatzung des Donbas und der Annexion der Krim die Lehrer in den dortigen Schulen und Universitäten immer noch das Fach »Ukrainische Sprache« lehrten und auf Ukrainisch unterrichteten, wurde Ukrainisch im Jahr 2022 zur ›Sprache des Feindes‹ erklärt, weshalb es für die Lehrer inzwischen gefährlich ist, auf Ukrainisch zu unterrichten.

Da zahlreiche ukrainische Schulen mittlerweile geschlossen wurden und viele Lehrer ausgereist sind, bringen die Russen verstärkt eigene Lehrer in die besetzten Gebiete. Dort sehen sich die russischen Lehrkräfte mit dem Problem konfrontiert, dass viele Schüler im Süden kein Russisch sprechen und nicht mit ihnen kommunizieren können. Das von der russländischen Propaganda gezeichnete Bild wird durch unzählige Kleinigkeiten wie diese somit ständig torpediert.

Welche Lehren lassen sich aus der Besatzung ziehen?

Es ist möglich, auch unter Besatzungsbedingungen weiterzuleben, ein redlicher Mensch zu bleiben und sogar die eigenen Werte zu verteidigen, aber dazu bedarf es weitaus größerer Anstrengungen und Vorsicht, als man sich vorstellen kann. Es ist einfacher und sicherer, in einem autoritär regierten Staat zu leben als in einem besetzten Gebiet. Das Besatzungsregime erzeugt eine Situation, in der sich die lokalen Behörden und Amtsträger der Militärführung unterordnen und Entscheidungen zur Regelung konkreter Angelegenheiten des alltäglichen Lebens treffen müssen, während die örtliche Bevölkerung dabei oftmals kaum mehr als ein Spielball ist, der über keinerlei Rechte verfügt.

Angesichts der Schwierigkeiten und Probleme, vor welche die Erfahrung der Besatzung die Zivilbevölkerung in den betroffenen Gebieten stellt, soll aber nicht vergessen werden, dass es seit dem Beginn des russländischen Angriffs auch immer wieder zu Akten des Widerstands durch einfache ukrainische Bürgerinnen und Bürger kam. Während der Besatzung im Norden der Ukraine machten Angehörige der lokalen Bevölkerung die ukrainische Armee wiederholt auf die Standorte der russländischen Truppen aufmerksam, legten Hinterhalte und nahmen sogar eigenhändig Soldaten gefangen. In verschiedenen Städten und Dörfern gingen die Bewohner mit Mistgabeln auf russländische Panzer los und warfen Steine. Das Ausmaß des Widerstands war außerordentlich groß. Im Gebiet Černihiv etwa kamen einige Besatzer in die Wohnung eines Mannes, der dem Kreisjagdverband vorstand und Kontakte zu allen Personen hatte, die Jagdwaffen besitzen. Der Mann zündete eine Granate und tötete so mehrere Invasoren, kam dabei aber auch selbst ums Leben. Das war der Preis, den er für seinen Widerstand zahlte.[14]

Im Süden und Osten des Landes gibt es eine Untergrundbewegung, die Anschläge auf Militärstützpunkte und Fahrzeuge der Besatzer verübt und russländische Kommandeure und Kollaborateure zu töten versucht. Die Partisanen bezeichnen diese Bewegung als das »gelbe Band«. Nach der Befreiung von Teilen der besetzten Gebiete gaben viele Bewohner an, die ukrainische Armee bei der Erfassung russländischer Ziele unterstützt zu haben. Es soll sogar Fälle gegeben haben, bei denen Personen das Feuer auf eigene, von der russländischen Armee kontrollierte Lagerhallen gelenkt haben, damit die ukrainische Armee sie zerstören konnte. Eine derartige Selbstlosigkeit konnte fatale Folgen haben – die viele auch ereilten.

Die arbeitslose Lilija zeigte mir ihr Haus, in dem knöchelhoch das Wasser stand, nachdem die russländische Armee im Juni 2023 den Staudamm in Kachovka gesprengt hatte. Neun Monate lang, während der Besatzung Snihurivkas, einer in der Nähe von Cherson gelegenen Stadt im Gebiet Mykolajiv, hatte Lilija ununterbrochen in dem Haus gewohnt. Wie die meisten Häuser war auch ihres während der Kampfhandlungen beschädigt worden, und nach dem Ende der Besatzung hatte sie umfangreiche Renovierungsarbeiten durchgeführt. Ihr Mann starb während des Gegenangriffs in den Reihen der ukrainischen Armee, sie blieb als arbeitslose Alleinerziehende mit zwei Kindern zurück. Die Sprengung des Staudamms durch die russländischen Truppen machte sie obdachlos und nahm ihr jegliche Aussicht auf Besserung. Sie gesteht, sie habe den Glauben verloren und wisse nicht, wie sie weiterleben solle, da die Besatzung ihr Leben und das Leben aller Menschen in ihrem Umfeld zerstört und ihr die Hoffnung auf eine mögliche Zukunft genommen habe.[15]

Die Besatzung zerstört Gemeinschaften und schadet dem Leben der Menschen, selbst wenn sie zu den Unterstützern der Invasoren gehören,

---

14 Stepanovych, »Belarus Participated in the Invasion of Ukraine as ›Little Green Men‹«.
15 Interview mit Lilija, 13. 6. 2023.

denn der Zustand der Besatzung mindert signifikant die Lebensqualität und schränkt die Rechte und Handlungsspielräume der betroffenen Menschen ein. Je länger diese Umstände andauern, desto schwieriger wird es, die Gesellschaft wieder in einen Zustand der Normalität zurückzuführen. Die Besatzung hinterlässt zerstörte Gebäude, zerrüttete Familien und gekappte Nachbarschaftsbeziehungen. Die vulnerabelsten Gruppen wie Kinder, Ältere und Menschen mit Behinderung leiden am meisten.

Die Besatzung ist wie eine Flutwelle, die die Erde bei einer Überschwemmung überrollt. Das Wasser dringt überallhin, und wenn es sich zurückzieht, hinterlässt es Spuren, die nur sehr schwer oder gar nicht mehr zu beseitigen sind. Die Häuser mitsamt ihrer Einrichtung werden grau und instabil, sie verlieren die Fähigkeit, Menschen zuverlässig Schutz zu bieten. Die Besatzung kann den Menschen das Leben unerträglich machen, bestenfalls gestattet sie ihnen eine Anpassung. In jedem Fall aber verändert sie die Menschen für immer.

Aus dem Ukrainischen von Claudia Dathe

Katerina Sergatskova ist Mitbegründerin von
Zaborona Media *und* 2402 Foundation for Safety.
eka@zaborona.com

Sibel Koç

Die alliierte Besatzung Istanbuls und ihre Nachwirkungen auf Europa-Bilder in der heutigen Türkei

Hundert Jahre nach dem Ende der alliierten Besatzung Istanbuls waren die Straßen der Stadt wieder mit rot-weißen Fahnen geschmückt und Schauplatz ausschweifender Feierlichkeiten. Hatte man im Oktober 1923 den Auszug der britischen und französischen Truppen aus der Stadt und die Ausrufung der Republik gefeiert, wurde im Mai 2023 der neuerliche Wahlsieg Recep Tayyip Erdoğans und seiner islamisch-konservativen Partei für Gerechtigkeit und Aufschwung (AKP) zelebriert. Trotz der verschiedenen Anlässe und der zeitlichen Distanz sind die Feierlichkeiten miteinander verbunden. Der Auszug der alliierten Truppen am 4. Oktober 1923 markierte das Ende der jahrelangen Besatzung weiter Teile des Osmanischen Reiches infolge des Ersten Weltkriegs.[1] Die anschließende Gründung der Republik bedeutete nicht nur den militärischen Sieg über die Alliierten, sondern auch einen Akt der politischen Selbstbehauptung gegenüber den europäischen Großmächten. Das seit der zweiten Hälfte des 19. Jahrhunderts von westlichen Beobachtern als »kranker Mann am Bosporus« eingeschätzte und auch in der eigenen Wahrnehmung zunehmend machtlose Osmanische Reich war zwar untergegangen, die türkische Nationalbewegung jedoch hatte sich durch den heroisierend als »Befreiungskrieg« titulierten Machtkampf als ernstzunehmende politische Kraft bewiesen. Die excessiven Feierlichkeiten und Autokorsos anlässlich von Erdoğans Wahlsieg lassen sich unter ähnlichen Vorzeichen lesen. Erdoğans Sieg sei vor allem einem weitverbreiteten »Gefühl der Anerkennung« geschuldet, wie die CDU-Bundestagsabgeordnete Serap Güler nach der Wahl schrieb, sowie dem Gefühl, die Türkei sei dank ihm »wieder wer«.[2]

Das Bedürfnis nach Anerkennung und das Verlangen nach Stärke sind auch hundert Jahre nach der Staatsgründung in der Türkei immer noch präsent. Der Verlust des Imperiums und die darauffolgende Besatzungszeit haben die Gründung der Türkischen Republik tiefgreifend geprägt und sind

---

1 Nach der Niederlage des Osmanischen Reiches im Ersten Weltkrieg wurde die Hauptstadt Istanbul kurz nach der Unterzeichnung des Waffenstillstandsabkommens von Mudros am 30. Oktober 1918 zunächst de facto, am 16. März 1920 dann auch offiziell von alliierten Truppen besetzt.

2 »›Erdoğan schafft es, ein Vakuum zu füllen.‹ Interview mit CDU-Politikerin Serap Güler«, in: *ZDF online*, 28. 5. 2023; online unter: https://www.zdf.de/nachrichten/politik/gueler-erdogan-tuerkei-wahl-100.html [4. 1. 2024].

in ihren mentalen Auswirkungen nach wie vor spürbar. Nicht umsonst ist in der politik- und geschichtswissenschaftlichen Forschung zur Besatzungszeit häufig die Rede von einem bis heute nicht überwundenen »Trauma«.[3] Der an der Duke University lehrende Turkologe und Übersetzer Erdağ Göknar geht sogar so weit zu sagen, dass eine türkische Identität erst durch die Erfahrung der Besatzung entstanden sei, nicht allein durch den Sieg über die Alliierten.[4] Das Trauma der Besatzung und seine Überwindung stellen demnach feste Bestandteile in der politischen und kulturellen Identität der Türkischen Republik dar. Daher überrascht es nicht, dass auch hundert Jahre nach dem Ende der Besatzung das Bedürfnis nach Anerkennung und der Wunsch, »wieder wer« zu sein, als Wahlmotive eine Rolle spielten. Trotz wirtschaftlicher Misserfolge und rechtsstaatlicher Einschränkungen genießen Erdoğan und seine AKP in weiten Teilen der türkischen Gesellschaft nach wie vor breite Zustimmung, die nicht zuletzt emotions- und sozialpsychologisch zu begründen ist. Güler zufolge sagen etliche Erdoğan-Anhänger: »›Jetzt erst recht, wenn Ihr andauernd meint, so ein Erdoğan-Bashing in den deutschen Medien oder als deutsche Politiker betreiben zu müssen, dann wähle ich ihn erst recht.‹«[5] Diese gerade auch unter hierzulande ansässigen Türk:innen weitverbreitete Trotzhaltung spiegelt einen Drang nach Selbstbehauptung wider, der sich nicht nur gegen Deutschland, sondern im weiteren Sinne gegen Europa und den Westen als Ganzes richtet.

Ähnlich wie Güler und Göknar argumentiert die türkische Politikwissenschaftlerin Ayşe Zarakol. Auch sie sieht einen Zusammenhang zwischen der Trotzhaltung in Teilen der heutigen türkischen Gesellschaft und der Niederlage des Osmanischen Reiches im Ersten Weltkrieg sowie der anschließenden Besatzung Anatoliens, Izmirs und vor allem der Hauptstadt Istanbuls in den darauffolgenden Jahren:

> The emotional trauma inflicted by the collapse of the Ottoman Empire, which came toward the tail end of the century in which Turks internalized modern standards and their own stigmatization, has made Turkey, at least thus far, a state that is obsessed with international stature, recognition, and acceptance. Much like an individual who attains a stigma attribute later in life and blames it for everything that goes wrong after that point, modern Turkish identity was constructed around the notion that the only thing keeping Turkey from regaining its former glory was its identity as a non-Western state. In the reconstructed nationalist

---

3 Siehe dazu etwa Erdağ Göknar, »Reading Occupied Istanbul. Turkish Subject-Formation from Historical Trauma to Literary Trope«, in: *Culture, Theory and Critique* 55 (2014), 3, S. 321–341; Jörn Leonhard, *Der überforderte Frieden. Versailles und die Welt 1918–1923*, München 2018; Ayşe Zarakol, *After Defeat. How the East Learned to Live with the West*, Cambridge 2011.
4 Göknar, »Reading Occupied Istanbul«, S. 332.
5 »›Erdoğan schafft es, ein Vakuum zu füllen.‹«

narrative of the republic, the failure to modernize, to become Western, is seen as the primary reason for the collapse of the Ottoman Empire. In other words, for Turks, the pain of losing an empire is fused with the feeling of inferiority due to being not Western/modern enough.[6]

Folgt man dieser Deutung, dann sah sich das Osmanische Reich 1918 nicht nur mit einer militärischen Niederlage konfrontiert, sondern hatte auch mit dem Stigma vom »kranken Mann am Bosporus« und dem damit verbundenen Gefühl der Inferiorität zu kämpfen. Bereits vor dem Ersten Weltkrieg hatte das Osmanische Reich viel von seiner alten Macht eingebüßt. Das in den vorangegangenen Jahrhunderten entwickelte Selbstverständnis als Imperium, das auf Augenhöhe mit den europäischen Nachbarn agiert, war zwar noch in den Köpfen präsent, entsprach aber nicht mehr dem tatsächlichen politischen und militärischen Gewicht des Staates. Umso problematischer war es besonders für die politischen und kulturellen Eliten des Osmanischen Reiches, mit als herabsetzend empfundenen Zuschreibungen wie »östlich«, »rückständig«, »unzivilisiert« oder »barbarisch« umzugehen.[7] Den Repräsentanten und Einwohner:innen der ehemaligen Großmacht fiel es schwer, den Bedeutungsverlust zu akzeptieren. Doch auch wenn dieser keineswegs von allen offen eingestanden wurde, scheinen die damit einhergehenden Fremdzuschreibungen in die Selbstwahrnehmung der osmanischen und später auch der türkischen Gesellschaft eingegangen zu sein, erkennbar etwa an dem starken Wunsch nach Anerkennung auf internationaler Ebene und dem Wunsch nach Selbstbehauptung gegenüber den europäischen Nachbarn. Davon zeugt nicht nur die von Güler identifizierte trotzige Haltung vieler AKP-Wähler:innen. Der Topos vom inneren oder äußeren Feind, der die politische Souveränität und die territoriale Einheit des Staates bedroht, ist in der türkischen Politik durchgängig präsent. Slogans wie »Der Ruf zum Gebet verstummt nicht, die Fahne wird nicht gesenkt, das Vaterland wird nicht geteilt« (*Ezan dinmez, bayrak inmez, vatan bölünmez*) gehören zum Standardrepertoire. Dabei ist zwar nicht immer ohne Weiteres ersichtlich, von welchem Feind eigentlich die Bedrohung für den türkischen Staat ausgeht. Dennoch verfängt die entsprechende Rhetorik und erweist sich als überaus wirkmächtig. So rutschen weite Teile der Gesellschaft schnell in eine Abwehrhaltung und befinden sich in einer Art erhöhter Alarmbereitschaft, wenn die staatliche Einheit als bedroht dargestellt wird.[8] Es scheint, also ob der Kriegs- und Besatzungszustand 1923 zwar politisch und militärisch, aber nicht mental überwunden wurde.

Die gegen Ende des 19. und Anfang des 20. Jahrhunderts zugeschriebene und häufig auch propagandistisch inszenierte Inferiorität des Osmanischen

---

6 Zarakol, *After Defeat*, S. 7 f.
7 Ebd., S. 3.
8 Zarakol bezeichnet diesen Zustand als »being always ›on‹«. Ders., *After Defeat*, S. 3.

Reiches brachte aber noch ein weiteres Problem mit sich. Sie kränkte nicht nur das Selbstbild der osmanischen und später der türkischen Gesellschaft, sie sorgte zudem für die Entstehung eines problematischen Bildes von der westlichen Welt. Mit der Erfahrung des Niedergangs des Osmanischen Reiches und des Verlusts der eigenen internationalen Machtstellung ging der Vergleich mit anderen Großmächten einher. Laut Zarakol sahen die Eliten des Osmanischen Reiches eine maßgebliche Ursache für den Niedergang darin, nicht europäisch und nicht westlich genug zu sein, um sich in der Mächtekonstellation des 19. und 20. Jahrhunderts zu behaupten. Dabei wurden die Attribute europäisch und westlich im Sinne von fortgeschritten, modern und zivilisiert verstanden, eine Etikettierung, die zwar von außen kam, von weiten Teilen der osmanischen beziehungsweise türkischen Gesellschaft aber mehr oder weniger widerwillig verinnerlicht wurde.

Als Reaktion darauf wurde allerdings nicht der Versuch unternommen, eigene, als spezifisch osmanisch oder türkisch gedeutete Attribute und Eigenschaften aufzuwerten und so eine Art »östliches Gegenprogramm« zu erstellen;[9] vielmehr kann man stattdessen beobachten, wie dem europäischen Vorbild nachgeeifert wurde. Das brachte die Gesellschaft in eine zwiegespaltene Situation, waren es doch gerade die ungeliebten westlichen Nachbarn, die das Reich als inferior stigmatisierten und seine Territorien beanspruchten, die den derart Kritisierten nun als Vorbild dienen sollten. Göknar spricht in diesem Zusammenhang von einem »dilemma of the divided self«:[10] Auf der einen Seite stand das jahrhundertelang aufgebaute Selbstverständnis als den europäischen Großmächten gleichgestelltes Imperium, auf der anderen Seite die Erfahrung der Niederlage und das Gefühl der Unterlegenheit mit einer schrittweise verinnerlichten kulturellen Stigmatisierung. Der Unfähigkeit zur Modernisierung, die dem Osmanischen Reich von europäischer Seite trotz aller Reformbemühungen der Tanzimat-Ära (1839–1876) zugesprochen worden war, suchte der neu gegründete türkische Staat durch zahlreiche Reformen zu entkommen. Eine Teilhabe an der westlichen Zivilisation wurde als Garant für den wirtschaftlichen und kulturellen Erfolg und als Ausdruck der politischen Souveränität verstanden und somit zum Ziel der jungen Republik proklamiert. Gleichzeitig stand diesem Ziel aber eine weitgehende Inkompatibilität der westlichen Werte mit den traditionellen Werten der eigenen Gesellschaft gegenüber. Diese Zwiespältigkeit führte zu einer Identitätskrise. Zum einen wurde ein Bruch mit dem osmanischen Erbe als notwendig erachtet, zum anderen brauchte die neu gegründete Republik Ankerpunkte für die eigene nationale Identität und die Legitimation ihrer politischen Souveränität. Diese wurden nicht

---

9 Von einem Gegenprogramm ist zwar nicht die Rede, trotzdem hielt sich die junge Republik die Option des Kommunismus als Alternative offen und pflegte in den ersten Jahren besonders enge Kontakte zu Moskau.

10 Göknar, »Reading Occupied Istanbul«, S. 338.

in der Vergangenheit gesucht, stattdessen bemühte sich die neue republikanische Regierung um eine westliche Neuorientierung, obwohl gerade die westlichen Großmächte, namentlich Großbritannien und Frankreich, zuvor versucht hatten, die Entstehung eines politisch unabhängigen und einflussreichen türkischen Staates durch die Aufteilung und Besatzung von Territorien des Osmanischen Reiches zu verhindern.

Während eine Annäherung an den Westen aus Sicht von Teilen der neuen politischen und kulturellen Eliten der Türkei unter den genannten Gesichtspunkten als plausibel erachtet werden konnte, fremdelten breitere Teile der Gesellschaft jedoch zunächst mit der Vorstellung, sich an der Kultur der vormaligen Besatzer zu orientieren und die zuvor erbittert bekämpften Feinde als Vorbilder anzuerkennen. Während Teile der politisch verantwortlichen Eliten sich der eigenen Bevölkerung schämten,[11] begegnete diese ihnen häufig mit Skepsis und Unverständnis. Das Bild von Europa als Bedrohung blieb in etlichen Köpfen präsent.

Şenışık beschreibt die schwierige, von alliierter Besatzung und internen Machtkämpfen geprägte Situation der Jahre 1918 bis 1923 mit Homi K. Bhabha als »moment of in-betweenness«.[12] Sie argumentiert: »According to him [Bhabha], social encounters create ambivalent spaces in which identities are questioned and negotiated.«[13] Das besetzte Istanbul bot demnach einen Raum für Begegnungen zwischen der osmanischen Gesellschaft und den Alliierten. Die Begegnungen innerhalb dieses Raumes prägten nicht nur das Bild vom »westlichen Feind«, sondern formten auch die – je nach politischem Lager durchaus unterschiedlichen – Selbstbilder der neu entstandenen Republik in Relation zu diesem. Die Formation der neuen türkischen Identität war geprägt von Dichotomien: »the most problematic aspects of Ottoman/Turkish culture are acute cultural and terminological dichotomies and stereotypical oppositional categories, such as the Empire/Republic, the West/the rest, secular/religious, modern/traditional, through which people are indoctrinated. The dichotomous way of thinking appears in every aspect of life, [...] and is still alive and dominant today.«[14]

Den Dichotomien in Bezug auf die eigene Identität entsprach eine zwiegespaltene Haltung gegenüber Europa. Die Vorstellungen vom Selbstverständnis der Republik waren nicht allein durch die eigene Vergangenheit und Gesellschaft geprägt, sondern entwickelten sich in Auseinandersetzung mit den Fremdbeschreibungen der westlichen Nachbarn und deren Wahrnehmung durch die osmanische beziehungsweise türkische Gesellschaft.

11 Zarakol, *After Defeat*, S. 119.
12 Pınar Şenışık, »The Allied Occupation of İstanbul and the Construction of Turkish National Identity in the Early Twentieth Century«, in: *Nationalities Papers* 46 (2018), 3, S. 501–513, hier S. 505.
13 Ebd.
14 Ebd., S. 502.

Diese Wahrnehmungen und die mit ihnen verbundenen Bilder von Europa konstruierten die neue Identität der Türkei grundlegend mit. Zur Untersuchung dieser Wahrnehmungen bietet das besetzte Istanbul einen besonders geeigneten Ort, lassen sich die verschiedenen Positionen und Deutungen anhand der zeitgenössischen Quellen doch wie unter einem Brennglas beobachten. Die fünfjährige Besatzung der Hauptstadt des Osmanischen Reiches fällt in die frühe Formationsphase der türkischen Identität.[15] Sie bot sowohl die Gelegenheit für Begegnungen zwischen osmanischen Besetzten und alliierten Besatzern als auch eine Fläche für wechselseitige Projektionen und Zuschreibungen. Diese Begegnungen im Alltag und die daraus resultierenden Wahrnehmungen und Vorstellungen von Europa sollen im Folgenden untersucht werden.

Istanbul unter alliierter Besatzung. Anmerkungen zu Forschungsstand und Methode

Bedenkt man diese Zusammenhänge, so erscheint es überraschend, dass das besetzte Istanbul lange Zeit von der Geschichtsforschung vernachlässigt wurde. Vorhandene Werke folgten selbst einem dichotomen Ansatz. Der Fokus der türkischsprachigen Forschung lag in erster Linie auf dem von Mustafa Kemal – dem späteren Nationalhelden Atatürk – organisierten Widerstand gegen die Besatzer in Anatolien und behandelte Istanbul, den Sitz der Regierung des Sultans, eher unter dem Gesichtspunkt der Kollaboration. Jenseits dessen wurde die Besatzung Istanbuls lange schlichtweg ignoriert. Das eingangs erwähnte Trauma der Besatzung wirkte offenbar auch in der türkischsprachigen Geschichtsschreibung nach. Der Journalist Murat Bardakçı sprach noch 2010 von der Scham türkischer Historiker:innen, über die alliierte Besatzung Istanbuls zu schreiben.[16] Die militärischen Siege gegen die westlichen Besatzer und die hart erkämpften Errungenschaften der türkischen Nationalbewegung bildeten das Kernelement der Narrative aus der Geschichtsschreibung der Gründungszeit. Das defensive Agieren der osmanischen Regierung unter Sultan Mehmed VI. gegenüber den Alliierten wurde mit Verrat gleichgesetzt, und der Fokus der Forschung richtete sich verstärkt auf das anatolische Kernland. Damit ging jedoch keine Turkisierung im Sinne einer Konzentration auf traditionelle Werte oder nationale Eigenschaften einher. Zwar verschob sich der geografische Schwerpunkt

---

15 Göknar zufolge fungierte das besetzte Istanbul als »stage for the social construction of the modern secular Turkish subject«. Ders., »Reading Occupied Istanbul«, S. 322.
16 Murat Bardakçı, »İşgali yazmaktan neden utanıyoruz?« (Warum schämen wir uns, über die Besatzung zu schreiben?), in: *Habertürk*, 20.1.2010; online unter: https://www.haberturk.com/yazarlar/murat-bardakci/225066-isgali-yazmaktan-neden-utaniyoruz [4.1.2024].

mit der neuen Hauptstadt Ankara und dem Konzentrationspunkt der Nationalbewegung nach Osten, die kulturelle Orientierung blieb aber auch unter der nationalen Regierung Mustafa Kemals nach 1923 prowestlich. Dieser Dualismus ist in den frühen Werken der türkischen Historiografie zur Besatzung Istanbuls deutlich erkennbar.[17]

In den letzten Jahren scheint die von Bardakçı konstatierte Scham jedoch überwunden worden zu sein, denn das Thema hat merklich an Aufmerksamkeit gewonnen.[18] Eine Reihe jüngerer Studien liefert Darstellungen der alliierten Besatzung, die über das Thema der Kollaboration und eine primär politische und militärische Betrachtung der Ereignisse hinausgehen. Die Konstruktion der türkischen Identität zu Besatzungszeiten thematisieren vor allem die bereits zitierten Werke Zarakols, Göknars und Şenışıks. Zarakol konzentriert sich auf die Auswirkungen der als herabsetzend empfundenen Zuschreibungen im Rahmen der internationalen Beziehungen und auf deren sozial konstruierten Charakter. Göknar und Şenışık hingegen verfolgen einen etwas anders gelagerten Ansatz. Ihr Interesse richtet sich auf zeitgenössische türkische Romane, die sie auf nationale Narrative über die Identität der neuen Republik hin untersuchen, um auf diese Weise die »mindsets«[19] der damaligen Intellektuellen zu ergründen.

Was in den genannten Ansätzen allerdings bislang zu kurz kommt, sind die alltäglichen zeitgenössischen Erfahrungen und Wahrnehmungen der Besatzung.[20] Um zu erfahren, ob und wie die zugeschriebene Inferiorität des Osmanischen Reiches durch die westlichen Großmächte die Wahrnehmung und das Verhalten der Menschen vor Ort prägte und welche Selbst- und Fremdzuschreibungen sie hervorbrachte, ist ein genauerer Blick auf das Leben unter der Besatzung vonnöten. Die Analyse von Romanen ist ein sinnvolles Mittel, wenn es darum geht, nationale Narrative und ihre Bedeutung für die zeitgenössische Selbstwahrnehmung herauszuarbeiten. Da sich die Identitätsbildung der neu entstehenden türkischen Republik aber immer auch in steter Auseinandersetzung mit Vorstellungen vom Westen vollzog,

---

17 Für eine umfangreiche Bibliografie zur Besatzungszeit siehe Daniel-Joseph MacArthur / Gizem Tongo, *A Bibliography of Armistice-Era Istanbul, 1918–1923*, Istanbul 2022.

18 Davon zeugen unter anderem öffentlich geführte Debatten über die Platzierung einer Gedenktafel für die Opfer der Besatzung an der Universität Istanbul oder mediale Auseinandersetzungen mit der Besatzung wie die 2020 erschienene Serie »Ya İstiklâl Ya Ölüm« (Unabhängigkeit oder Tod) oder die Netflix-Produktion »Midnight at the Pera Palace« aus dem Jahr 2022. Letztere ist inspiriert von dem gleichnamigen Werk von Charles King, *Midnight at the Pera Palace. The Birth of Modern Istanbul*, New York 2015. Besonders erwähnenswert ist schließlich die Ausstellung »Meşgul Şehir. İşgal İstanbul'unda Siyaset ve Gündelik Hayat, 1918–1923« (Besetzte Stadt. Politik und Alltag in Istanbul 1918–1923) des Istanbul Research Institute (11. 1. 2023 – 23. 12. 2023).

19 Şenışık, »The Allied Occupation of İstanbul«, S. 502.

20 Daniel-Joseph MacArthur / Gizem Tongo, »Representing Occupied Istanbul. Documents, Objects, and Memory«, in: *Yıllık. Annual of Istanbul Studies* (2022), 4, S. 91–98, hier S. 95.

empfiehlt es sich, die tatsächlichen Begegnungen mit den alliierten Besatzern näher zu betrachten. Auf diese Weise soll untersucht werden, wie das Aufeinandertreffen bestehende Selbst- und Fremdbilder beeinflusste oder neue hervorbrachte. Eine Untersuchung des Alltagslebens[21] unter der Besatzung, so meine These, kann dazu beitragen, der Entstehung tiefgreifend und langfristig wirksamer Einstellungen und Haltungen gegenüber Europa und dem Westen während der Konstruktionsphase einer neuen türkischen Identität auf die Spur zu kommen.

Eine methodisch anspruchsvolle Verknüpfung eines alltags- beziehungsweise erfahrungsgeschichtlichen Ansatzes mit der Besatzungsgeschichte bietet Tatjana Tönsmeyers Konzept der Besatzungsgesellschaften,[22] das auf eine Systematisierung von Erfahrungsdimensionen abzielt. Dieses von Tönsmeyer mit Blick auf die deutsche Besatzung während des Zweiten Weltkrieges für einen europäischen Vergleich entwickelte Konzept soll an dieser Stelle auf die Nachkriegszeit des Ersten Weltkrieges angewendet werden. Gerade weil es einen dichotomen Zugang zur Besatzungsgeschichte im Sinne von Widerstand versus Kollaboration vermeidet und stattdessen das konflikthafte alltägliche Miteinander in den Fokus rückt, scheint das Konzept geeignet, dieses in der türkischen Historiografie bislang vorherrschende Muster aufzubrechen. Anhand einer alltagsgeschichtlichen Betrachtung der alliierten Besatzung Istanbuls lassen sich die gegenseitigen Wahrnehmungen und Interaktionen von Besatzern und Besetzten in den Vordergrund rücken und thematisieren. Dabei kann auch untersucht werden, wie die Machtverhältnisse im Alltag verteilt waren, wie Besatzer und Besetzte mit diesen umgingen und wie sie wechselseitig aufeinander reagierten. Insbesondere sollen in diesem Zusammenhang das Ausmaß und die Sichtbarkeit der dem Osmanischen Reich seitens der Europäer zugeschriebenen Inferiorität und die Auswirkungen der Besatzung auf das alltägliche Leben und Verhalten der Gesellschaft Istanbuls erörtert werden.

Istanbul als besetzte Gesellschaft

Der Blick in den Alltag Istanbuls unter alliierter Besatzung zeigt eindrücklich, dass jeder Aspekt der Gesellschaft von Hierarchisierungen geprägt war. Mit Rücksicht auf den hier interessierenden Kontext ist zunächst die hetero-

---

21 Zum Ansatz der Alltagsgeschichte siehe u. a. die Beiträge in Alf Lüdtke (Hg.), *Alltagsgeschichte. Zur Rekonstruktion historischer Erfahrungen und Lebensweisen*, Frankfurt am Main 1989.
22 Tatjana Tönsmeyer, »Besatzungsgesellschaften. Begriffliche und konzeptionelle Überlegungen zur Erfahrungsgeschichte des Alltags unter deutscher Besatzung im Zweiten Weltkrieg«, Version: 1.0, in: *Docupedia-Zeitgeschichte*, 18. 12. 2015; online unter: http://docupedia.de/zg/Besatzungsgesellschaften?oldid=125790 [4. 1. 2024].

gene Zusammensetzung der Istanbuler Gesellschaft zu beachten, die eine einfache Unterscheidung zwischen westlichen Besatzern und osmanischen beziehungsweise türkischen Besetzten verbietet.

Konkurrierende Gruppen

Als Hauptstadt des multiethnischen Osmanischen Reiches hatte Istanbul eine sehr heterogene Bevölkerung. Nur die Hälfte der etwa eine Million Einwohner:innen der Stadt waren Muslim:innen, die andere Hälfte bestand hauptsächlich aus Griech:innen, Armenier:innen, Jüdinnen und Juden sowie etwa 15.000 Levantiner:innen. Während der Besatzungszeit kam es außerdem zu erheblichen demografischen Veränderungen. Einen wichtigen zusätzlichen Faktor bildeten die russischen Migrant:innen, die nach der Oktoberrevolution 1917 beziehungsweise nach dem Ende des anschließenden Bürgerkriegs ihr Land verließen und nach Istanbul kamen. Ihre Zahl in der Nachkriegszeit wird auf bis zu 200.000 Personen geschätzt.[23] Bei der Konstruktion von Selbst- und Fremdbildern spielte diese Heterogenität der Istanbuler Einwohnerschaft eine nicht zu unterschätzende Rolle.

Auch die Gruppe der Besatzer war in sich keineswegs homogen. Zwischen den britischen, französischen und italienischen Okkupanten einschließlich ihrer aus dem südasiatischen und nordafrikanischen Raum stammenden Hilfstruppen herrschten während der Besatzungszeit nicht selten Uneinigkeit und Misstrauen.[24] Die Spannungen unter den Besatzern resultierten größtenteils aus Kompetenzstreitigkeiten und Konkurrenzkämpfen im Zuge der Verwaltung der Stadt, bei denen es neben Fragen des Prestiges auch um die Durchsetzung handfester Interessen ging. Die Alliierten traten in Istanbul also keineswegs als eine homogene Gruppe von Europäern auf. In ihren Einstellungen und Haltungen gegenüber den verschiedenen Gruppen der besetzten Gesellschaft bestanden je nach Situation und Interessenlage durchaus signifikante Unterschiede. Durch die räumliche Aufteilung der Zuständigkeiten verschafften sich die Besatzer gewisse Handlungsspielräume und reduzierten zugleich die Anlässe für interne Konflikte. Pera und Galata, die Stadtteile mit überwiegend nicht muslimischer Bevölkerung, standen unter britischer, die Altstadt und der Südwesten Istanbuls unter französischer Kontrolle, während sich die anatolische Seite der Stadt unter italienischer Verwaltung befand.

In der muslimischen Bevölkerung der besetzten Stadt gab es ein Bewusstsein für diese Handlungsspielräume der Besatzungsmächte und Bestrebungen, diese im eigenen Interesse zu nutzen. Da in Istanbul Französisch als zweite Sprache durchaus geläufig war, konnten sich die Einheimischen leich-

---

23 Ali Karayaka, *İşgal Altında İstanbul*, Istanbul 2016, S. 218.
24 Nur Bilge Criss, *Istanbul under Allied Occupation*, Leiden 1999, S. 60.

ter mit den französischen Besatzern verständigen und nutzten diese Fähigkeit zur Interaktion. Im Gegensatz zu den Briten änderte sich die Haltung der französischen und italienischen Besatzer im Laufe der Besatzung. Auch wenn sie nicht dazu übergingen, den türkischen Widerstand zu unterstützen, so nutzten sie doch bestehende Möglichkeiten, um die Regeln der britischen Kräfte zu unterlaufen. Im Besatzungsalltag zeigte sich das zum Beispiel in weniger strengen Kontrollen. Im Fall der italienischen Besatzer, die für die anatolische Seite Istanbuls zuständig waren, ging die durch machtpolitische Rivalitäten und konkurrierende Gebietsansprüche bedingte Permissivität schließlich sogar so weit, dass sie das Schleusen von Widerstandskämpfern aus Üsküdar nach Ankara, dem Zentrum des türkischen Widerstands unter Mustafa Kemal, duldeten und damit ermöglichten. Die britischen Besatzer blieben jedoch ihrer Feindrolle verhaftet und sahen ihre vorrangige Aufgabe weiterhin in einer Bestrafung der Nationalisten und nicht in einer Verständigung mit ihnen.[25]

Hierarchisierung und Ungleichheit

Wie bereits erwähnt, bestand die Komplexität der Situation in Istanbul nicht nur in den Unterschieden zwischen den Besatzern, sondern auch in den unterschiedlichen ethnischen und religiösen Zugehörigkeiten der Besetzten sowie in den ungleichen Einstellungen und Haltungen der Besatzer diesen gegenüber. Diese Ungleichbehandlung zeigte sich in verschiedenen Bereichen des Alltags in einer Reihe von Praktiken, die insbesondere Angehörige des muslimischen Gesellschaftsteils als diskriminierend wahrnahmen. Dadurch wurden bereits bestehende Ungleichheiten und Spannungen zwischen den Gemeinschaften innerhalb der osmanischen Bevölkerung verstärkt. Als prominentes Beispiel kann hier die Beschlagnahmung von Eigentum dienen. Konfiszierungen wurden durch das Inter-Allied Requisitioning Office geregelt und erlaubten es den alliierten Besatzern, Eigentum der osmanischen Bevölkerung zum eigenen Nutzen zu beschlagnahmen.[26] In der Praxis war in erster Linie das Eigentum von Muslimen betroffen.[27] Beschlagnahmte Häuser wurden von Militärangehörigen genutzt oder an russische Flüchtlinge oder Organisationen verschiedener religiöser Gruppen übergeben. Besonders schöne Gebäude in guter Lage waren begehrt und sorgten nicht selten für Konflikte unter den Besatzern.[28] Der muslimische Bevölkerungsteil nahm die Beschlagnahmungen von alliierter Seite als Privilegierung nicht muslimischer Minderheiten wahr, wodurch bestehende Rivalitäten innerhalb der Stadtbevölkerung verstärkt wurden. Die Tatsache, dass es wäh-

---

25 Criss, *Istanbul under Allied Occupation*, S. 60.
26 Ebd., S. 77.
27 King, *Midnight at the Pera Palace*, S. 64.
28 Devlet Arşivleri Başkanlığı Osmanlı Arşivi (BOA), DH-EUM-AYŞ, Nr. 35/42.

rend des 1915 und 1916 verübten Genozids an der armenischen Bevölkerung auch zu Enteignungen von muslimischer Seite gekommen war, spielte in diesem Zusammenhang keine Rolle. Im Fokus stand die eigene Opferrolle.

In dieser und anderen Praktiken wurde die neue Hierarchisierung der Gesellschaft durch die Besatzer im Alltag deutlich. Die dem muslimischen Teil der osmanischen Gesellschaft zugeschriebene zivilisatorische Unterlegenheit, wie Zarakol sie konstatiert, schlug sich hier im Besatzungsalltag praktisch nieder, und die Benachteiligung im Verhältnis zu christlichen Gruppen der osmanischen Gesellschaft wurde erfahrbar. Narrativ wurden die Enteignungen nicht primär in einen Kriegs- oder Besatzungskontext eingebettet, sondern in Relation zum Umgang mit dem Eigentum des nicht muslimischen Bevölkerungsteils gesetzt.[29] Die von Zarakol konstatierte Verinnerlichung des Stigmas tritt in diesem Zusammenhang zutage. Nicht so sehr die Besatzung als vielmehr die Zugehörigkeit zur muslimischen Glaubensgemeinschaft wurden als Grund für die Konfiszierungen des Eigentums wahrgenommen, wodurch die Beschlagnahmungen den Charakter von als herabsetzend empfundenen Angriffen erhielten. Die Verinnerlichung des Stigmas durch die muslimische Bevölkerung äußerte sich jedoch keineswegs in einer passiven Duldsamkeit, wie ein Blick in den Besatzungsalltag zeigt. Denn obwohl die Enteignungen auf der Basis alliierter Verordnungen stattfanden, meldeten betroffene muslimische Eigentümer diese häufig an die Gendarmerie,[30] die wiederum die Vorfälle an das Innenministerium weiterleitete.[31] Auch wenn daraus kaum Konsequenzen erwuchsen, wird aus dieser Praxis ersichtlich, dass die Machtverhältnisse unter der Besatzung nicht einfach hingenommen, sondern im Rahmen der Möglichkeiten beständig infrage gestellt und neu ausgehandelt wurden, wenn auch nicht immer erfolgreich.

Gewalt und sexuelle Übergriffe

Der muslimische Teil der Istanbuler Bevölkerung sah sich aber nicht nur durch den unzureichenden Schutz des Eigentums benachteiligt. Beschreibungen der Besatzungszeit berichten häufig von tätlichen Angriffen auf offener Straße oder während Hausdurchsuchungen.[32] Meldungen bei der Polizei handeln von Prügeleien, ausgelöst durch betrunkene alliierte Soldaten oder durch Sprachprobleme, die zu Missverständnissen zwischen Be-

---

29 Diese Narrative sind in der türkischsprachigen Literatur immer noch präsent. So deutet Can Erdem in einem Aufsatz von 2005 die Regelungen der Besatzer als einen Beweis für das damalige Bild der Türken in Europa. Ders., »İtilaf Devletleri'nin İstanbul'u resmen işgali ve faaliyetleri«, in: *Atatürk Araştırma Merkezi Dergisi* 21 (2005), 62, S. 677–693, hier S. 685.
30 BOA, DH.I.UM, Nr. 20/14.
31 Karayaka, *İşgal Altında İstanbul*, S. 230.
32 BOA, DH-EUM-AYŞ, Nr. 41/9.

satzern und Besetzten führten.³³ In Fällen, in denen die Gewalt eskalierte, wurde auch auf Zivilpersonen geschossen.³⁴ Gewalt gegenüber Frauen äußerte sich meist in sexualisierter Form.³⁵ Auch wenn es keine genaue Übersicht über die Anzahl solcher Übergriffe gibt, war die die damit verbundene Angst in zeitgenössischen Narrativen, die vor westlichen Angriffen auf die »Ehre« der Frauen warnten, überaus präsent. Die beständige Angst vor möglicher Gewalt durch die Besatzer blieb nicht ohne Folgen für die Bevölkerung. Tönsmeyer spricht in diesem Zusammenhang von Gesellschaften »unter Stress«,³⁶ die US-amerikanische Sozialwissenschaftlerin Amy Mills von einer »Angst« (*anxiety*),³⁷ die durch verschiedene Faktoren des Lebens unter Besatzung hervorgerufen werde. Und Zarakol beschreibt das Phänomen als einen Zustand des ständigen Inbereitschaftseins.³⁸ Das Gefühl anhaltender Gefahr und die alltägliche Erfahrung der eigenen Unterlegenheit beeinflussten die Identitätsfindung der muslimischen Bevölkerung, die durch den inneren Machtkampf um die Zukunft des Osmanischen Reiches und die daraus resultierenden konfligierenden Loyalitäten zusätzlich erschwert wurde. Mit Blick auf die von den verschiedenen Bedrohungen und Belastungen betroffenen Individuen verwendet Göknar daher nicht ohne Grund den Begriff eines »Krisensubjekts« (*subject-in-crisis*).³⁹ In der Literatur der Zeit kommt das Phänomen unter anderem in Form der Schilderung von emotionalen Zusammenbrüchen der Protagonist:innen zur Sprache.⁴⁰

Symbolische Machtkämpfe

Die neue Hierarchisierung der Gesellschaft zuungunsten des muslimischen Teils machte sich neben der ungleichen Behandlung auch auf einer symbolischen Ebene bemerkbar. Die Präsenz osmanischer militärischer Symbole wurde zurückgedrängt, um das neue Machtgefüge im Alltag sichtbar zu machen und der Bevölkerung stets vor Augen zu führen. So wurde zur Besat-

33 BOA, DH-EUM-AYŞ, Nr. 36/64.
34 Ebd.
35 BOA, DH-EUM-AYŞ, Nr. 1/31; BOA, DH-EUM-AYŞ, Nr. 24/45.
36 Tönsmeyer, »Besatzungsgesellschaften«.
37 Amy Mills, »Becoming Blind to the Landscape. Turkification and the Precarious National Future in Occupied Istanbul«, in: *Journal of the Ottoman and Turkish Studies Association* 5 (2018), 2, S. 99–117, hier S. 101.
38 Zarakol begründet diese Haltung mit der Erfahrung der Stigmatisierung. Ders., *After Defeat*, S. 3 f.
39 Göknar, »Reading Occupied Istanbul«, S. 324. An dieser Stelle berichtet der Autor auch von einer melancholischen Stimmung in der Stadt. Dieser in der Literatur geläufige Topos wird dabei oft mit dem Zustand der Besatzung in Verbindung gebracht, so etwa bei Orhan Pamuk / Maureen Freely, *Istanbul. Memoirs and the City*, New York 2005.
40 Ein prominentes Beispiel ist die Protagonistin des Romans *Sodom ve Gomore* (Sodom und Gomorra). Vgl. Yakup Kadri Karaosmanoğlu, *Sodom ve Gomore*, Istanbul 1928.

zungszeit eine neue Polizeieinheit gegründet, die parallel zu der bereits bestehenden Polizei agierte. Für diese neue Polizeieinheit wurden jedoch bevorzugt griechisch- und armenischstämmige Mitglieder der bestehenden Polizei rekrutiert.[41] Ihre Präsenz in den Straßen Istanbuls, durch die sie in britischen Uniformen patrouillierten, führte immer wieder zu Auseinandersetzungen mit der muslimischen Bevölkerung.[42] Hinzu kam, dass die bisherige Polizei unter der Kontrolle der Alliierten zunehmend an Kompetenzen verlor.

Ähnlich wie die Zivilisten bei den Konfiszierungen, taten sich auch die Angehörigen des Militärs schwer damit, die Folgen des Kriegsverlusts und der Besatzungssituation zu akzeptieren. Regelungen wie die Verpflichtung der osmanischen Offiziere und Soldaten, vor Angehörigen der alliierten Truppen zu salutieren, selbst wenn diese einen niedrigeren militärischen Rang hatten (was in umgekehrter Form nicht galt), wurden als kränkend empfunden.[43] Als Reaktion darauf legten manche Angehörige des osmanischen Militärs ihre Uniformen ab beziehungsweise nicht mehr an. Eine andere symbolträchtige Handlung, die in Narrativen aus der Besatzungszeit häufig auftaucht, ist das Herunterreißen des Fes von den Köpfen muslimischer Männer durch alliierte Soldaten.[44] Derartige Schilderungen symbolischer Machtkämpfe erwiesen sich nicht zuletzt aufgrund ihrer narrativen Vervielfältigung und Weitergabe als wirkmächtig und schlugen sich in entsprechenden Selbst- und Fremdwahrnehmungen der Beteiligten nieder. Die militärische Dominanz der Alliierten und die Omnipräsenz ihrer Symbole wurden als überwältigend wahrgenommen. Für Unmut sorgte auch die öffentliche Präsenz der nicht muslimischen Mitglieder der neuen Polizeieinheit, die in alliierten Uniformen patrouillierten, was von vielen Angehörigen des muslimischen Gesellschaftsteils als verstörend empfunden wurde und nationalistische Tendenzen zusätzlich befeuerte.

Ähnlich wie bei den Enteignungen gab es auch bei den Auseinandersetzungen auf symbolischer Ebene immer wieder Versuche, die Machtverhältnisse neu zu verhandeln und die Kontrolle der Besatzer zu unterlaufen. Dieses widerständige Verhalten zeigte sich etwa an Aktionen wie dem nächtlichen Austausch von Flaggen, wobei Fahnen der Besatzer durch türkische ersetzt wurden. Interessant ist in diesem Zusammenhang, dass die Alliierten in der Stadt auch griechische Flaggen prominent platzierten, obwohl Griechenland keine offizielle Besatzungsmacht in Istanbul war, sondern lediglich einen der alliierten Hochkommissare stellte. Dieses Vorgehen sorgte insbesondere beim muslimischen Bevölkerungsteil für empfindliche Reaktionen. Neben Wut verbreitete sich unter den Stadtbewohner:innen auch

---

41 Criss, *Istanbul under Allied Occupation*, S. 75.
42 Criss zufolge gingen diese Einheiten harscher mit dem muslimischen Bevölkerungsteil um. Ebd.
43 Ebd., S. 76.
44 Erdem, »İtilaf Devletleri'nin İstanbul'u resmen işgali ve faaliyetleri«, S. 690.

Angst, die Stadt, das frühere Konstantinopel, nach knapp fünfhundert Jahren osmanischer Herrschaft an Griechenland abtreten zu müssen.

Die Entmachtung der staatlichen Institutionen durch die Alliierten wurde also nicht nur als eine begrenzte politische Maßnahme empfunden, sondern als Bedrohung der territorialen Integrität und der politischen Eigenständigkeit. Diese Sorge wurde durch entsprechende Gerüchte, die in der Stadt kursierten, verstärkt. Die kanadische Historikerin Margaret MacMillan beschreibt in ihrer Darstellung der Folgen des Versailler Vertrages, wie sich eine Menschenmenge vor der Hagia Sophia versammelte, »weil gemunkelt wurde, die christlichen Glocken würden wieder installiert«.[45] Der Kampf um die symbolische Inanspruchnahme des öffentlichen Raums zieht sich durch die gesamte Besatzungszeit. Schon der Einzug des französischen Generals Louis Franchet d'Espèrey, eines der alliierten Hochkommissare, der angeblich auf einem weißen Pferd in die Stadt geritten sein soll, wie einst Sultan Mehmed II. nach der Eroberung Konstantinopels im Jahr 1453, sorgte beim muslimischen Teil der Bevölkerung für Verärgerung. Auch wenn keineswegs gesichert ist, ob das Pferd tatsächlich weiß war, hat die Begebenheit – auch unter Mitwirkung interessierter Kreise – durch Erzählungen und Narrative ihren Weg in das kollektive Gedächtnis des muslimischen Teils der Bevölkerung gefunden und etwaige Ängste um den Verlust der Stadt weiter genährt.[46]

Die Rolle der russischen Exilanten

Doch nicht nur die Präsenz der Besatzer und ihrer Machtsymbole veränderte das Bild der Stadt. Obwohl schon immer multiethnisch und multireligiös geprägt, hatte neben der Ankunft der alliierten Truppen insbesondere der Zuzug russischer Flüchtlinge, die nach der Oktoberrevolution sowie dem Ende des Bürgerkriegs zu Tausenden in das Osmanische Reich und nach Istanbul kamen, drastische Auswirkungen auf das gesellschaftliche Leben in der Stadt. Sichtbar wurden diese Auswirkungen vor allem in den sozialen Veränderungen und im neuen Lebensstil, den die Neuankömmlinge mitbrachten. Auf viele Bewohner:innen wirkte Istanbul »mehr denn je wie eine fremde Stadt in einer einheimischen Stadt«.[47] Für den türkischen Historiker Ali Karayaka markierte die Ankunft der Flüchtlinge gar eine »soziale Besetzung«[48] der Stadt. Istanbul lernte durch die russischen

---

45 Margaret MacMillan, *Die Friedensmacher. Wie der Versailler Vertrag die Welt veränderte*, übers. von Klaus-Dieter Schmidt, Berlin 2015, S. 493.
46 Die türkische Historikerin Ayşe Hür spricht nicht ohne Grund vom »Mythos des weißen Pferdes«. Dies., *Mondros'tan Cumhuriyet'e. Milli Mücadele'nin Öteki Tarihi*, Istanbul 2018, S. 29 f.
47 King, *Midnight at the Pera Palace*, S. 49.
48 Karayaka, *İşgal Altında İstanbul*, S. 294.

Emigrant:innen neue Formen der Unterhaltung und des Nachtlebens kennen, die der Stadtbevölkerung, insbesondere dem muslimischen Teil, bis dahin unbekannt gewesen waren.

Mit den alliierten Besatzungstruppen entstand in der Stadt ein wachsender Bedarf an Bars, Kneipen, Nachtclubs und Kabaretts, den die Flüchtlinge bedienten. Alkohol wurde zu einem Teil des öffentlichen Lebens und Glücksspiel verbreitete sich trotz offizieller Verbote. Die Unterhaltungsbranche bot zahlreiche leicht zugängliche Beschäftigungsmöglichkeiten, sodass sie schon bald von russischen Flüchtlingen dominiert wurde.[49] Auch in diesem Kontext fehlte es nicht an Gerüchten, die in der Stadt die Runde machten. So wurde etwa kolportiert, dass ehemalige Mitglieder der Aristokratie, vor allem russische Prinzessinnen, nun als Kellnerinnen in Cafés und Restaurants im Stadtteil Pera arbeiteten – was wiederum neugierige junge Männer aus der ganzen Stadt anzog.

Der Kontakt mit den russischen Exilant:innen begrenzte sich jedoch nicht nur auf das Nachtleben in Pera. Russische Frauen fanden auch als Warenverkäuferinnen ihren Weg in muslimische Viertel. Infolgedessen kam es nicht nur zu Begegnungen mit muslimischen Männern, sondern auch mit muslimischen Frauen. Diese entwickelten ein Interesse an dem neuen Lebensstil und suchten daran zu partizipieren, etwa in Form russischer Mode, die sich wachsender Beliebtheit erfreute.[50] Doch auch Feindseligkeiten gegenüber russischen Frauen sind überliefert, die sich nicht zuletzt an ethnisch gemischten Beziehungen entzündeten. Osmanische Frauenverbände forderten weibliche Flüchtlinge sogar ausdrücklich auf, die Stadt zu verlassen, Zeitungsartikel thematisierten die »Moral« russischer Frauen.[51]

Neue kulturelle Praktiken

Ungeachtet aller Proteste und trotz wiederholter Bemühungen der Behörden, Glücksspiel, Drogen und Prostitution zu kontrollieren, wurden die betreffenden Phänomene zu einem wesentlichen Bestandteil der besetzten Stadt. Schriftsteller der Zeit titulierten Istanbul als »Babylon« oder sprachen von »Sodom und Gomorra«. Die Bevölkerung Istanbuls sah sich mit neuen kulturellen Gewohnheiten konfrontiert, die sie sich mit der Zeit aneignete. Ob der Wandel so radikal ausfiel und das Verhalten der Zeitgenossen so exzessiv war, wie damalige Quellen, die in der türkischen Geschichtsschreibung immer noch Verwendung finden,[52] behaupten, darf allerdings

---

49 Ebd., S. 290.
50 Ebd., S. 303.
51 Ebd., S. 302.
52 So auch Erdem, »İtilaf Devletleri'nin İstanbul'u resmen işgali ve faaliyetleri«; und İlbeyi Özer, »Mütareke ve İşgal Yıllarında Osmanlı Devletinde Görülen Sosyal Çöküntü ve Toplumsal Yaşam, in: *OTAM – Osmanlı Tarih Araştıtma ve Uygulama Dergisi* (2013), 3, S. 247–271.

bezweifelt werden. Die räumliche und soziale Trennung der Geschlechter wurde gelockert, und neue Formen des Konsums etablierten sich in der Gesellschaft. Die klassischen osmanischen Kaffeehäuser, ein eindeutig von Männern dominierter Raum, wichen Restaurants und Cafés mit einem gemischten Publikum. Allgemein erweiterte sich der Unterhaltungssektor um Aktivitäten, die von beiden Geschlechtern ausgeübt wurden. Das Interesse der muslimischen Männer an diesen Aktivitäten regte auch muslimische Frauen an, sich ihnen anzuschließen und an öffentlichen Unterhaltungsformen zu partizipieren. Mit dem französischen Historiker Paul Dumont gesprochen: »Die Stadt lernte die Freuden des Nachtlebens, das Sonnenbaden an öffentlichen Stränden am Meer, die Feinheiten des klassischen Balletts, den Jazz amerikanischer Prägung und viele andere Innovationen kennen. Die weißrussischen Jahre, ein Symbol des kosmopolitischen Lebens, verbanden die Stadt unwiderruflich mit dem Westen.«[53]

Auch wenn die kosmopolitische Stadt schon vorher multiethnisch und multireligiös war, schuf die neue Atmosphäre deutlich mehr Schauplätze für Begegnungen, vor allem zwischen den muslimischen Bewohner:innen der Stadt und den Europäern. Im Zuge dieser Begegnungen entstand eine paradoxe Vorstellung vom Westen. Auf der einen Seite wurden die Besatzer als Aggressoren wahrgenommen, die es mit Unterstützung oder zumindest Duldung der nicht muslimischen Einwohner:innen auf die Herrschaft über die Stadt und die Souveränität des Landes abgesehen hatten. Auf der anderen Seite hielten neue kulturelle Praktiken Einzug in die Stadt, die keineswegs nur auf Ablehnung stießen, sondern häufig noch während der Besatzungszeit den Wunsch nach Partizipation an der westlichen Lebensweise nährten.

Der Kontakt mit den Angehörigen der westlichen Staaten und den russischen Flüchtlingen sowie die neue, veränderte Atmosphäre der Stadt scheinen einen immensen Eindruck bei den muslimischen Bewohner:innen hinterlassen zu haben. Dies schlug sich nicht zuletzt in der damaligen türkischsprachigen Literatur nieder. Sowohl zeitgenössische Romane als auch die Forschungsliteratur der letzten Jahrzehnte sind durchdrungen von moralisierenden Narrativen, in denen der Stadt ein tranceartiger Zustand und moralischer Verfall attestiert werden. Vor allem das als exzessiv dargestellte Nachtleben der Besatzer, das durch die russischen Emigrant:innen ermöglicht wurde, avancierte dabei für national und konservativ orientierte Autoren zum Sinnbild des »Westlichseins«. Demgegenüber propagierten sie die Forderung nach einem nationalen »Erwachen« aus dem Trancezustand, das mit der Hinwendung zum anatolischen Kernland und somit

---

53 Paul Dumont, »Beyaz Yıllar«, in: Stefanos Yerasimos, İstanbul 1914–1923. Kaybolup giden bir dünyanın başkenti ya da yaşlı imparatorlukların can çekişmesi, 3. Aufl., Istanbul 2015, S. 215–240, hier S. 216 (meine Übersetzung, S.K.).

zur türkischen Nationalbewegung und der Unterstützung des Unabhängigkeitskriegs gleichgesetzt wurde.[54]

Ambivalente Gefühle: Die Türkei und der Westen

Istanbul als Sitz der osmanischen Regierung galt, wie gezeigt, ebenso als Schauplatz moralischen Verfalls wie als Ort, an dem sich die militärische und politische Schwäche des Osmanischen Reiches und seine Unfähigkeit zur Abwehr der empfundenen europäischen Bedrohung konkretisierten. Um das Selbstverständnis des neuen Staates von diesen negativen Aspekten freizuhalten, erfolgte die Konstruktion der neuen türkischen Identität in Abgrenzung von der osmanischen Vergangenheit.[55] Trotz der Stigmatisierung als »kranker Mann am Bosporus« war es der Armee im sogenannten Befreiungskrieg gelungen, die alliierten Besatzungsmächte an mehreren Fronten zu besiegen und die geplante territoriale Aufteilung des Osmanischen Reiches zu verhindern. Die türkische Nationalbewegung unter der Führung von Mustafa Kemal hatte geleistet, was das Osmanische Reich unter Sultan Mehmed VI. nicht erreicht, ja nicht einmal versucht hatte. Das Ende des Sultanats und eine staatliche Neugründung waren somit unvermeidlich.

Der Republik standen 1923 nach ihrer Gründung verschiedene Alternativen zur Verfügung: türkischer Nationalismus mit Verwestlichung, Panislamismus oder Panturkismus.[56] Die neue Regierung unter Mustafa Kemal entschied sich für die erste Variante und betrieb eine Politik, die bei allem Nationalismus auf einen Kurs der Modernisierung setzte, der sich an den Standards des Westens orientierte. Laut Zarakol stieß die Verwestlichungspolitik auf große Zustimmung innerhalb der Bevölkerung: »Therfore, we must ask why Atatürk's audience found the program of Westernization compelling. Furthermore, they did not merely come on board; the general population was very much energized by Atatürk's program, and continued on the same path even after Atatürk's death – so much that even contemporary Turkey is still marked by the worldview of the interwar period.«[57] Zarakol begründet die Entscheidung für die Verwestlichungspolitik mit dem Wunsch nach Teilhabe an der westlichen »community of civilization«,

---

54 So steht die Protagonistin Leyla in dem bereits erwähnten Werk *Sodom ve Gomore* von Yakup Kadri Karaosmanoğlu für ein Negativbeispiel der extremen Verwestlichung. Sie kopiert den westlichen Lebensstil und geht eine Beziehung zu einem britischen Offizier ein. Ihr Verlobter Necdet duldet ihr Verhalten für eine Weile, was jedoch zu einer Identitätskrise führt, aus der er schließlich entkommt, indem er sich auf den von Mustafa Kemal organisierten nationalen Widerstand in Anatolien konzentriert und sich von Leyla trennt.
55 Şenışık, »The Allied Occupation of İstanbul«, S. 503.
56 Zarakol, *After Defeat*, S. 142.
57 Ebd., S. 143.

die man seinerzeit für notwendig erachtet habe, um im internationalen System zu überleben.[58] Ausschlaggebend mag dabei nicht zuletzt die Vorstellung gewesen sein, dass eine Teilhabe an der westlichen Zivilisationsgemeinschaft die Türkei zukünftig vor kolonialen Bestrebungen schützen und so die staatliche Unabhängigkeit sichern könne. In den Augen Mustafa Kemals waren die Würde des Staates und der türkischen Gesellschaft folgerichtig nur durch politische Souveränität, militärische Macht sowie wirtschaftlichen und technischen Fortschritt zu wahren. Dies traf den Nerv der Zeit, denn die Niederlage im Ersten Weltkrieg, der daraus resultierende Verlust des Imperiums und die anschließende alliierte Besatzung, vor allem der Hauptstadt, waren von den Zeitgenossen zwar als starke Kränkungen wahrgenommen worden, hatten aber nicht zu einer grundsätzlichen Abkehr vom westlichen Fortschrittsmodell geführt.[59] Bei aller moralischen Kritik an den alliierten Besatzern galten die westlichen Nationen in vielen Bereichen der politischen, kulturellen, wirtschaftlichen und technischen Entwicklung nicht nur den neuen politischen Eliten, sondern auch weiten Teilen der türkischen Bevölkerung nach wie vor als vorbildlich.

Der militärische Sieg über die Alliierten und die mit dem im Juli 1923 geschlossenen Vertrag von Lausanne wiederhergestellte territoriale Integrität des Staates scheinen aus Sicht der Zeitgenossen notwendige, aber nicht hinreichende Schritte zur Wiederherstellung der nationalen Würde gewesen zu sein. Die von Zarakol beschriebene Verinnerlichung der von westlicher Seite zugeschriebenen Inferiorität durch die Eliten und weite Teile der osmanischen beziehungsweise türkischen Gesellschaft wirkte offenbar auch nach Gründung der Republik weiter fort, sodass der Versuch, die vermeintliche Unterlegenheit zu überwinden, um zum Westen aufzuschließen, die Politik der neu gegründeten Republik maßgeblich beeinflusste:

> Having won on the battleground against Western powers and their allies, Turkey's independence was not in danger because of any threat of military occupation, but because of its stigmatized status as an outsider in the international system. This is the condition the Turkish leaders wanted to rectify.[60] [...] In the case of Turkey, the decision after defeat to overcome outsider status by following a strategy of stigma correction has taken on a life of its own, and has come to definitively shape the state identity around feelings of inferiority against the West and superiority toward the East. It is this decision around which all domestic cleavages are still organized.[61]

---

58 Ebd., S. 143 f.
59 Şenışık, »The Allied Occupation of İstanbul«, S. 509.
60 Zarakol, *After Defeat*, S. 149.
61 Ebd., S. 156.

In diesem Kontext sind die kulturellen Umbrüche durch die Reformen unter Mustafa Kemal ab 1923 zu verstehen. Leitend für die Reformen war der Gedanke, dass man durch den eigenen, nicht westlichen Charakter im Nachteil gegenüber den anderen Großmächten sei und diesen nicht nur mit militärischer Stärke ausgleichen könne. Es folgten zahlreiche Reformen, die tiefgreifende Umwälzungen in allen Bereichen der türkischen Gesellschaft nach sich zogen. Die Neuerungen betrafen selbst die Kleidung, die ebenfalls als sichtbarer Ausdruck des eigenen Zurückbleibens in der internationalen Mächtekonstellation gesehen wurde. Der Fes wurde durch den Hut ersetzt und gewann enorme symbolische Kraft. Kein Geringerer als Mustafa Kemal selbst erklärte den Fes zu einem Symbol der Ignoranz, der Rückwärtsgewandtheit, des Fundamentalismus und der Zivilisationsverachtung, von dem man sich verabschieden müsse, um die Zugehörigkeit der Türkei zu den zivilisierten Nationen der Welt auch sichtbar zu machen.[62] Während der Fes zur Zeit der alliierten Besatzung noch als ein Symbol für die Eigenständigkeit des Osmanischen Reiches gegolten hatte, büßte er diese Bedeutung nach der Gründung der Republik ein und avancierte zu einem Zeichen kultureller Rückständigkeit.

Fazit

Der Blick auf den Besatzungsalltag in Istanbul hat gezeigt, dass die von Zarakol beschriebene verinnerlichte Stigmatisierung nicht nur auf der Ebene politischer Akteure empfunden wurde. Begegnungen zwischen den verschiedenen Gruppen innerhalb des besetzten Istanbuls waren zwar mit Sicherheit vielfältig, dennoch scheinen sie häufig von Erfahrungen der Inferiorität geprägt gewesen zu sein. Besonders für den muslimischen Teil der Bevölkerung stellte dieser Aspekt einen wichtigen Bestandteil der Selbstwahrnehmung dar und beeinflusste das Verhalten. Bestrebungen nach einer Überwindung der zugesprochenen Inferiorität tauchten immer wieder im Alltag auf und verfestigten sich in gewissen Haltungen gegenüber den europäischen Besatzern und den nicht muslimischen Bevölkerungsgruppen. Besatzungsbedingte Benachteiligungen wie die Beschlagnahme von Eigentum oder der Verlust polizeilicher und militärischer Macht wurden weniger als Folgen der Besatzung gedeutet, sondern in erster Linie als nationale Kränkungen und Demütigungen aufgefasst.

Dies resultierte jedoch nicht allein aus dem Selbstverständnis des muslimischen Bevölkerungsteils als stigmatisiert und benachteiligt, sondern auch aus der Haltung der alliierten Besatzungstruppen, die Angehörige nicht muslimischer Gruppen begünstigten und ihnen etliche Vorteile gewährten,

---

62 Zarakol, *After Defeat*, S. 147.

obwohl diese formal ebenso zur besetzten Gesellschaft gehörten. Die Besatzung implementierte somit eine gesellschaftliche Hierarchisierung im Sinne der Besatzer. In Anbetracht der These Zarakols von der Verinnerlichung des Stigmas der Inferiorität wäre eventuell zu erwarten gewesen, dass der muslimische Bevölkerungsteil die eigene unterlegene Stellung hingenommen hätte. Der hier vorgestellte kursorische Überblick über verschiedene alltägliche Praktiken in der Istanbuler Gesellschaft hat jedoch deutlich gemacht, dass dies nicht der Fall war und es sowohl auf der Verwaltungsebene als auch auf einer symbolischen Ebene wiederholt zu Aushandlungen von Macht kam. Mittels Meldung von Beschlagnahmungen an osmanische Behörden versuchten die Betroffenen die Kontrolle alliierter Machtapparate zu unterlaufen. Auf der symbolischen Ebene wurden ebenfalls gesellschaftliche Verhältnisse ausgehandelt. Die Verpflichtung nicht muslimischer Bevölkerungsgruppen für die alliierte Polizei galt vielen Muslimen als besonders problematisch, machte sie doch in ihren Augen den eigenen Ausschluss besonders deutlich. Derartige Ungleichbehandlungen bedienten einen nationalen Diskurs und wurden als Rechtfertigung für Widerstand herangezogen. Rivalitäten zwischen den verschiedenen Bevölkerungsgruppen aus der Besatzungszeit, die Fokussierung auf die eigene Benachteiligung und existenzielle Bedrohung aufseiten des muslimischen Bevölkerungsteils stehen heute noch im Vordergrund nationaler Narrative und verdrängen noch immer das ohnehin tabuisierte Thema des Genozids an den Armeniern.

Der Besatzungsalltag war aber nicht allein Schauplatz für Konflikte zwischen Besatzern und Besetzten. Die russische Emigration schuf besondere Begegnungsräume, in denen die Besatzer nicht nur als Aggressoren auftraten, sondern ihre gewohnten kulturellen Praktiken ausüben konnten, die innerhalb der osmanischen Bevölkerung auf großes Interesse stießen. Möglichkeiten der Partizipation am europäischen Lebensstil entstanden und wurden auch für den muslimischen Bevölkerungsteil erfahrbar. Trotz des nicht zu unterschätzenden Einflusses negativer Narrative aus der Besatzungszeit wurden die Veränderungen des gesellschaftlichen und kulturellen Lebens zu einem unumkehrbaren Bestandteil der Stadt. Die kulturelle Annäherung im Alltag der Besatzung dürfte den Erfolg der Verwestlichungspolitik nach 1923 erleichtert haben.

Während der Besatzungszeit hat sich ein ambivalentes Verständnis von Europa innerhalb des muslimischen Bevölkerungsteils entwickelt, welches an den alltäglichen Praktiken in der besetzten Gesellschaft erkennbar ist. Die Interaktionen zwischen alliierten Besatzern und muslimischen Besetzten war von Machtkämpfen geprägt, die nicht nur auf einer staatlich-militärischen, sondern auch auf einer symbolischen und diskursiven Ebene ausgehandelt wurden. Dabei richteten sich das Empfinden von Rivalität und das Bedürfnis nach Selbstbehauptung nicht nur gegen die alliierten Besatzer, sondern auch gegen nicht muslimische Gruppen der Bevölkerung. Diese

Denkmuster und Verhaltensweisen scheinen bis heute nicht überwunden. Der Reiz der Rhetorik Erdoğans für die Mehrheit der türkischen Wählerschaft mag eben darin liegen, dass sie ein weitverbreitetes Verlangen nach Anerkennung durch und Gleichstellung mit Europa bedient. So erscheint Gülers Deutung, der zufolge Erdoğans Beliebtheit nicht zuletzt aus einer trotzigen Reaktion seiner Wähler:innen auf die an ihm geübte Kritik resultiere, alles andere als abwegig. Wahlmotive in der Türkei sind zu einem hohen Grad emotional gefärbt und zu einem erheblichen Maß mit dem Wunsch nach Anerkennung verbunden. Dabei kann jedoch eine Veränderung im Verständnis von Anerkennung beobachtet werden. Besonders mit der ablehnenden Haltung der Europäischen Union gegenüber einer Mitgliedschaft der Türkei ist eine Enttäuschung zu beobachten, aus der eine Trotzhaltung resultiert. Das Ziel der Türkischen Republik aus der Gründungszeit, ein Teil der europäischen Gemeinschaft zu sein, weicht der Haltung, Europa im Falle der Ablehnung trotzdem ebenbürtig oder überlegen zu sein, um keine Degradierung mehr zu erfahren. So wundert es nicht, dass Erdoğan durch seine Inszenierung als starker Mann, der sich anderen Großmächten nicht beugt,[63] einen Nerv seiner Wähler:innen trifft. Darauf zielt er bewusst, indem er ihnen eine stolze und starke Türkei verspricht.[64] Die Zustimmung, die er für diese Versprechen findet, macht deutlich, wie tief die türkische Identität noch immer von dem Wunsch durchdrungen ist, sich gegenüber den europäischen Nachbarn zu beweisen, ganz gleich, ob diese als Vorbild oder Feind betrachtet werden.

Die Historikerin Sibel Koç promoviert am Lehrstuhl für
Neuere und Neueste Geschichte an der Bergischen Universität Wuppertal.
skoc@uni-wuppertal.de

---

63 So zum Beispiel auf dem Weltwirtschaftsforum 2009 in Davos, das er verließ, weil er der Meinung war, in der Verteilung der Redezeit zugunsten des israelischen Staatspräsidenten Netanyahu benachteiligt worden zu sein. Er wurde nach seiner Einreise in die Türkei von jubelnden Massen empfangen. O.A., »Willkommen zurück, Eroberer von Davos«, in: *Süddeutsche Zeitung*, 17.5.2010; online unter: https://www.sueddeutsche.de/politik/tuerkei-nach-erdogan-eklat-willkommen-zurueck-eroberer-von-davos-1.468277 [4.1.2024].

64 Nur Bilge Criss, »Dismantling Turkey. The Will of the People?«, in: *Turkish Studies* 11 (2010), 1, S. 45–58, hier S. 56.

Florian P. Kühn

Afghanistan und die Rolle militärischen Zwangs – zwischen Besatzung und Intervention

Die Geschichte des Landes, das heute als Afghanistan bekannt ist, kennt viele nennenswerte Invasionen und Besatzungsphasen, deren Bedeutung für den Staatsbildungsprozess meist unterschätzt wird.[1] Von Alexander dem Großen über die Großreiche Zentralasiens und Indiens bis zum Imperialismus der Neuzeit wurde Afghanistan immer wieder von außen zu regieren und zum Teil dauerhaft in imperiale Strukturen einzugliedern versucht. Während die Imperien kamen und gingen, verdankt sich Afghanistans Position als Pufferstaat zwischen russischer und britischer Einflusssphäre seit dem 19. Jahrhundert einer neuen geopolitischen Denkweise.[2] Externe Akteure versuchten, mittels mitunter gewalttätiger Einflussnahme in interne gesellschaftliche Prozesse, in denen sie die Gewichte verschiedener Gruppen verschoben, in einer translokalen Perspektive die Oberhand zu gewinnen und zu behalten. Wenn demgegenüber die Perspektive der Bevölkerung vor Ort und ihre Interpretation der Situation im Mittelpunkt steht, wird deutlich, dass sie und ihre politischen Anführer sich diese Konstellation zunutze machen wollten und versuchten, die Mächtekonkurrenz zum eigenen Vorteil zu navigieren. Umgekehrt waren die Ziele der internationalen Intervenenten oft eindimensional auf Machtgewinn ausgerichtet, was dazu führte, dass sie Eindimensionalität auch für die einheimischen politischen Akteure annahmen. Aus dem Spannungsfeld zwischen unterkomplexem Verständnis bei relativ höherer Macht der Intervenenten gegenüber begrenzten Mitteln der Akteure vor Ort bei besserem Verständnis der sozialen Komplexität lassen sich die konkrete Interventions- und gegebenenfalls Besatzungspolitik sowie ihre politische Dynamik erklären.

Im Ergebnis dürfte Afghanistan in seiner gesellschaftlichen Formation im globalen Vergleich stärker von externen Akteuren geprägt sein als viele andere Staaten der Welt, obwohl es formell nie kolonisiert wurde (sofern ›formelle‹ Kolonisierung konzeptionell überhaupt Sinn ergibt). Das heißt,

---

1 Ich danke dem Bundesministerium für Bildung und Forschung (BMBF) für die Förderung im Rahmen des Forschungsverbunds »Bayerisches Zentrum für Friedens- und Konfliktforschung – Deutungskämpfe im Übergang« [Förderkennzeichen 01UG2204A-D].
2 Thomas Barfield, *Afghanistan*. A Cultural and Political History, Princeton, NJ / Oxford 2010, S. 66–90; Torbjorn L. Knutsen, »Halford J. Mackinder, Geopolitics, and the Heartland Thesis«, in: *The International History Review* 36 (2014), 5, S. 835–857, hier S. 849 und S. 854; Jonathan L. Lee, *Afghanistan*. A History from 1260 to the Present, London 2018, S. 687 ff.

dass sich die ›afghanische‹ Identität, also diejenige, die auf den Nationalstaat und seine Rolle im internationalen System bezogen ist, bis heute vor allem in der Abgrenzung gegenüber außen erschöpft. Hinsichtlich der internen Identitätsfindung überwiegt meist partikularistische – oft als ethnisch oder tribal codierte – Gruppenidentifikation gegenüber auf den Gesamtstaat bezogenen Vorstellungen von Gemeinsamkeit oder normativer Gemeinsinnorientierung.

Gleichwohl wurde der Nationalstaat in Afghanistan, etwa durch Sezessionsbewegungen, nie ernsthaft infrage gestellt. Stattdessen fokussierte sich die Ablehnung auf die zentralstaatlichen Institutionen, die sich in der (oft mündlichen) Überlieferung als Vehikel auswärtiger Mächte zur Kontrolle darstellten, nicht als gemeinsame Aufgabe. Deshalb waren der gewaltsame Widerstand und auch politische Kooperationsbemühungen oft kurzlebig, denn relative Gewinne in der Binnenpolitik erwiesen sich als eher handlungsleitend als die längerfristige Allianzbildung entlang gemeinsamer politischer Ziele. Eben weil die zentralistische Durchsetzung von Herrschaft entlang der Muster des entstehenden internationalen Systems, in dem die Staaten als in ihrer sozialen und Herrschaftsfunktion gleich verstanden werden, oft auf Gewalt stieß, wurde das Einwerben externer Unterstützung für die politischen Eliten überlebenswichtig. Wenn sie in einer Herrschaftsposition überleben wollten, brauchten sie politische und finanzielle Unterstützung sowie Legitimität von außen.[3] Die lokale Formierung und Mobilisierung politischer Gruppen waren deshalb meist hoch internationalisiert.

Reformen gesellschaftlich tradierter Interaktion und generell die Durchdringung der Gesellschaft mit staatlichen Regeln standen immer unter dem Verdacht, von außen gesteuert zu werden, und wurden entsprechend politisch instrumentalisiert. Sich gegenseitig als Apostaten zu bezeichnen – die ultimative Form des Außenseiters, der außerhalb der Glaubensgemeinschaft steht –, wurde zur politischen Waffe.[4] In dieser Tradition des Aushandelns staatlicher und lokaler Herrschaft, normativer und ökonomischer Widersprüche und des Balancierens von Einfluss und Kontrolle der Macht befindet sich der Staatsformierungsprozess in Afghanistan auch unter den Taliban noch. Die zwei Dekaden der internationalen Intervention, die den Anschlägen des 11. September 2001 folgte und sicherheitspolitisch codiert war, sind in diesem Kontext zu sehen: Der Staatsformierungsprozess war

---

3   Vgl. dazu Amin Saikal, *Modern Afghanistan. A History of Struggle and Survival*, London / New York 2006; Barnett R. Rubin, *The Fragmentation of Afghanistan. State Formation and Collapse in the International System* [1995], New Haven, CT / London 2002.

4   Olivier Roy, *Afghanistan. From Holy War to Civil War*, Princeton, NJ 1995. Näher dazu Mohammad Fazlhashemi, »Radicalization and Takfirism«, in: Rauf Ceylan / Michael Kiefer (Hg.), *Der islamische Fundamentalismus im 21. Jahrhundert. Analyse extremistischer Gruppen in westlichen Gesellschaften*, Wiesbaden 2022, S. 65–81, hier S. 77; Syed Saleem Shahzad, *Inside Al-Qaeda and the Taliban. Beyond Bin Laden and 9/11*, London 2011, S. 141 f.

gleichzeitig einer des externen Staatsaufbaus, in dem externe oder extern unterstützte Gewaltmaßnahmen das Verhältnis zwischen Staat und Gesellschaft verzerrten. Der Staat schien stärker, als er war, und die nicht staatliche(n) Ordnung(en) verhandelten ihren Einfluss und ihre politischen Perspektiven teils in den Staat integriert, teils neben und teils gegen ihn.[5]

Der Staatsformierungsprozess[6] unter externer Intervention ist die zentrale Perspektive dieses Aufsatzes. Er ist in fünf Teile gegliedert, die als Puzzlestücke zu verstehen sind, aus denen sich das Gesamtbild ergibt, vor dem die Frage nach den Unterschieden und Gemeinsamkeiten von Interventionspraktiken und Besatzung zu beantworten ist. Nach einer kurzen Einführung in die Geschichte des Widerstands, der sich in Afghanistan trotz unterschiedlicher Charakteristika der militärischen Einfälle in vergleichsweise ähnlicher Weise formierte, widmet sich der Aufsatz der Frage, worin die rechtlichen und praktischen Unterschiede von Intervention und Besatzung eigentlich liegen. Insbesondere geht es dabei um die Vielschichtigkeit, etwa von Interventionen ›auf Einladung‹ einer (staatlichen) Elite und von Besatzung, hinsichtlich des Kooperationswillens von lokalen Institutionen und Bevölkerungsschichten. Für Afghanistan thematisiert der Text vor diesem Hintergrund die Interventions- und Widerstandsdynamik in den beiden Interventionsdekaden 2001 bis 2021 und setzt sie ins Verhältnis zu den Vergesellschaftungstendenzen der Taliban. Die in den letzten Jahren der Intervention dominierenden Narrative der Taliban, so die These, bereiteten den Weg zum Zerfall der 2001 auf dem Petersberg mandatierten Nach-Taliban-Ordnung und zur Etablierung einer Taliban-Regierung 2.0 im August 2021. Mit einer Reflexion darüber, wie die internationale Intervention in Afghanistan die afghanische, deutsche und im weiteren Sinne westliche Gesellschaften verändert hat, endet der Beitrag.

Warum eine Intervention keine Besatzung ist

Im Zusammenhang mit der internationalen Mission in Afghanistan wird in der Regel von einer Intervention gesprochen. Dies mag man als rhetorische Bemäntelungsstrategie abtun, die die wahren Machtverhältnisse verschleiert, um in jedem Fall den westlichen liberalen Demokratien, in denen sich die

---

5 Florian P. Kühn, »Der Kollaps der Potemkin'schen Staatlichkeit. Wie der Westen das Interesse an Afghanistan verlor«, in: Teresa Koloma Beck / Florian P. Kühn (Hg.), *Zur Intervention. Afghanistan und die Folgen*, Hamburg 2023, S. 18–35, hier S. 26–31.

6 Zur Unterscheidung zwischen Staatsformierung als internem Prozess und dem von außen betriebenen *statebuilding* siehe Berit Bliesemann de Guevara, »Introduction. Statebuilding and State-Formation«, in: dies. (Hg.), *Statebuilding and State-Formation. The Political Sociology of Intervention*, London / New York 2012, S. 1–19; sowie Florian P. Kühn, »Risk and Externalization in Afghanistan. Why Statebuilding upends State-Formation«, in: ebd., S. 23–39.

dortige Bevölkerung nicht als Besatzungsmacht begreifen will, diese Politik zu ›verkaufen‹. Denn es ist gerade die politische Kontrolle außenpolitischer Macht, die in Demokratien Interventionspolitik begründungsbedürftig macht: Unter welchen Umständen sollen Staaten in anderen Staaten, die ja wenigstens nominell souverän sind, eingreifen? Wie weit sollen diese Eingriffe gehen (dürfen)? In welchem Verhältnis stehen das Interventionsziel und die Gewalt, die eingesetzt werden muss, es zu erreichen?

Eine Besatzung ist hingegen eine im internationalen Recht festgeschriebene Situation, deren rechtliche Regelung auf die Verbesserung der humanitären Situation der betroffenen Zivilbevölkerung abzielt. Laut Haager Landkriegsordnung hängt die Besatzung von der tatsächlichen Kontrolle eines eroberten Territoriums ab (Art. 42).[7] Gemäß Genfer Konvention von 1949 sind die humanitären und kulturellen Rechte der Besetzten, das heißt der Bevölkerung eines besetzten Staates, hervorgehoben: Denn die Besatzung erwirbt keine Souveränität, die Besatzung erfolgt nur übergangsweise (was spätestens mit Antritt der gewählten Karzai-Regierung geendet hätte), die Besatzung muss für Ordnung und für die Sicherheit der Bevölkerung sorgen, des Weiteren sind Geiselnahmen, Kollektivstrafen, Bevölkerungstransfers sowie Konfiskationen untersagt. Die Kultur muss respektiert und kriminelle Aktivitäten müssen juristisch verfolgt und bestraft werden.[8]

Obwohl es in der Praxis – speziell, aber nicht nur in kriegszerstörten Gemeinwesen – unwahrscheinlich ist, dass diese Regelungen umgesetzt werden, ist der rechtliche Anspruch hoch. In Afghanistan, wo die Taliban unter dem Banner des international anerkannten Rechts auf Selbstverteidigung, in dem Fall der USA gegen terroristische Angriffe, von der Macht vertrieben wurden, blieben die Kriterien für eine Besatzung in wesentlichen Aspekten unerfüllt. Denn weder kontrollierte das westliche Militär das Land (anfangs selbstgewählt, weil der Verfolgung von vermuteten Terroristen Priorität eingeräumt wurde, später, weil weite Teile des Landes von anderen Gruppen mit Gewalt kontrolliert wurden), noch sorgte es für die Sicherheit der Bevölkerung. Vielmehr wurde oft die Kriegführung gegenüber dem Schutz zivilen Lebens höher gewichtet, was zu hohen Opferzahlen der zivilen Bevölkerung führte.[9] Von Beginn der Intervention an versuchte die internationale

---

7 »Convention (IV) Respecting the Laws and Customs of War on Land and its Annex: Regulations Concerning the Laws and Customs of War on Land. The Hague, 18 October 1907«; online unter: https://ihl-databases.icrc.org/assets/treaties/195-IHL-19-EN.pdf [8.1.2024].

8 »Convention (IV) Relative to the Protection of Civilian Persons in Time of War. Geneva, 12 August 1949«; online unter: https://ihl-databases.icrc.org/en/ihl-treaties/gciv-1949 [8.1.2024].

9 United Nations Assistance Mission Afghanistan (Hg.), *Afghanistan*. Annual Report 2015. Protection of Civilians in Armed Conflict, Kabul 2016, S. 59 ff.; online unter: https://unama.unmissions.org/sites/default/files/poc_annual_report_2015_final_14_feb_2016.pdf [22.12.2023].

Allianz gegen die Taliban, den Eindruck einer Besatzung aktiv zu zerstreuen, einerseits um das Argument eines Rachefeldzugs gegen Muslime zu widerlegen, andererseits um den rechtlichen Regeln zu entgehen, die für eine Besatzung gegolten hätten. Stattdessen wurde stets darauf hingewiesen, dass die Souveränität Afghanistans nicht angetastet würde, sondern, weil es keine handlungsfähige Regierung gebe (und die Taliban nie eine gewesen seien), die Souveränität gewissermaßen operativ ›vakant‹ sei.

Dieses Argument war natürlich sehr afghanistanbezogen: Zum einen waren die Taliban außer von Pakistan, Saudi-Arabien und den Vereinigten Arabischen Emiraten nicht als Regierung Afghanistans anerkannt. Nominell war immer noch Burhānuddin Rabbānī der Vertreter Afghanistans, ein Anführer der Mujaheddin-Regierung, von der nach dem internen Krieg ab 1992 (nach dem Abzug der Sowjets und dem Kollaps der sowjetisch unterstützten Regierung unter Mohammed Nadschibullāh) nur mehr eine im Westen Nordallianz genannte Gruppe übergeblieben war und den Taliban noch Widerstand leistete. Zum anderen waren zwar militärische Antiterrorismuseinheiten im Land unterwegs, um vermutete Al-Qaida-Mitglieder aufzuspüren und gegebenenfalls zu töten,[10] das Militär hatte aber nicht die Verwaltung übernommen. Auch um diesen Zustand, in dem die Verantwortlichkeiten nicht klar waren, zu beenden, waren die internationalen Interventen bestrebt, dabei zu helfen, schnell eine Übergangsregierung zu bilden. Diese sollte das Verantwortungsloch überbrücken. Sie wurde als Ergebnis der Konferenz auf dem Bad Godesberger Petersberg gebildet und Hamid Karzai als ihr Kopf bestimmt.[11] Aufgabe der Übergangsregierung war es, einen Prozess zu organisieren, der mittels verschiedener *Loya Jirga* (Große Ratsversammlung) genannter Beratungstreffen in Afghanistan zu einer Verfassung führen würde und schließlich in demokratischen Wahlen eine ›echte‹, das heißt gewählte, Regierung zum Ergebnis hätte.

Eine tiefergehende Untersuchung müsste herausfinden, warum der Begriff Besatzung im Zusammenhang mit Afghanistan seinerzeit kaum auftauchte. Erst in jüngster Zeit, als man nach der erneuten Machtübernahme der Taliban Bilanz des zwanzigjährigen Einsatzes in Afghanistan ziehen wollte, wurde aus postkolonialer Perspektive argumentiert, es habe sich dabei um eine Kolonisation gehandelt. Nicht nur erweitert dieses Argument das Begriffsspektrum um einen weiteren Aspekt und würde erfordern, Besat-

---

10 Über die Rechtmäßigkeit solcher außergerichtlichen Tötungen auf dem Territorium von Drittstaaten ist viel debattiert worden, im weiteren Verlauf der Afghanistan-Intervention dann auch auf den Einsatz von Kampfdrohnen bezogen, eingesetzt gegen Individuen in Afghanistan und vor allem in Pakistan. Vgl. James Michael Page / John Williams, »Drones, Afghanistan, and beyond. Towards Analysis and Assessment in Context«, in: *European Journal of International Security* 7 (2022), 3, S.283–303.

11 Martina Meienberg, *Nation-Building in Afghanistan*. Legitimitätsdefizite innerhalb des politischen Wiederaufbaus, Wiesbaden 2012, S. 99–122. Das Petersberger Abkommen von 2001 ist dort ab S. 317 abgedruckt.

zung und Kolonisierung gegeneinander abzugrenzen; auch die immanenten Argumente, etwa dass der Angriff 2001 auf die Taliban als Antwort auf den 11. September vor allem dem Eigeninteresse diente, sind nicht überzeugend.[12] Denn letztlich bestreitet niemand, dass Selbstverteidigung – so wurde der militärische Einsatz ja international bewertet – einem Eigeninteresse dient und dienen darf.

Darüber hinaus bestehen im internationalen System Hierarchien, entlang deren Strukturen Interventionen stattfinden. So waren politisch isolierte Regime eher Gegenstand von Interventionen, während politisch vernetzte Akteure durch mächtige Patrone (etwa einen oder mehrere der *Permanent Five*, also der ständigen Mitglieder des UN-Sicherheitsrats USA, Vereinigtes Königreich, Frankreich, Russland und China) vor einer mandatierten Intervention per Veto geschützt waren. Vor allem zu Zeiten des Kalten Krieges blockierten sich die Großmächte in internationalen Gremien gegenseitig, weshalb das ›Zeitalter‹ der UN-mandatierten Interventionen erst nach 1990 begann.

Nach Eingriffen in Konflikte wurden verschiedene internationale Übergangsmodelle erprobt: von Unterstützungsmissionen bestehender Regierungen und ihrer Apparate über Protektoratsmandate wie in Ost-Timor oder im Kosovo,[13] bei denen internationale Missionen die komplette staatliche Gewalt verantworten, bis zu Missionen, bei denen bestehende, unterschiedlich glaubwürdig legitimierte Regierungen in der Ausübung ihrer staatlichen Souveränität unterstützt wurden. In der Darstellung der internationalen Akteure war just dies die Aufgabe in Afghanistan: einer neu etablierten, in ihrer souveränen Ausübung staatlicher Macht noch nicht gefestigten Regierung unter die Arme zu greifen.

Freilich ließ die interventionistische Praxis im Kontrast zum bis hierher geschilderten Ideal keine Zweifel daran, dass die afghanische Regierung nicht souverän Entscheidungen treffen konnte. Selbst nachdem sie demokratisch gewählt worden war und ihre militärische Absicherung durch internationales Militär ›auf Einladung‹ erfolgte, blieb klar, dass die Regierung ohne ein solches militärisches Eingreifen nicht zustande gekommen wäre. Auch ihre Dauerhaftigkeit war allein mit westlichen Mitteln, also vor allem dem Transfer von Geld, aufrechtzuerhalten.

Dies begründet einen weiteren Aspekt, der gegen die Annahme spricht, die Intervention in Afghanistan sei mit einer Besatzung gleichzusetzen. Das

---

12 Ian Spears, »The U.S. Occupation of Afghanistan Was Colonialism that Prevented Afghan Self-Determination«, in: *The Conversation*, 26. 9. 2021; online unter: https://theconversation.com/the-u-s-occupation-of-afghanistan-was-colonialism-that-prevented-afghan-self-determination-167615 [21. 12. 2023].

13 Für den Kosovo, der ab 1999 als unter UN-Protektorat stehende Provinz Serbiens mit weitreichenden Autonomierechten galt, ist dies umstritten. Besonders unklar ist dabei, inwiefern – wie in den Mandatsgebieten des Völkerbundes – solche internationalen Schutzabkommen in eine spätere Staatsgründung münden sollen oder müssen.

Cost-of-War-Projekt der Brown University schätzt, dass die USA allein in Afghanistan 2,1 Billionen US-Dollar für militärische Zwecke ausgegeben haben; dazu kommen vergleichsweise geringe, aber immer noch relevante Mittel für Entwicklung von 36 Milliarden US-Dollar.[14] Zwischen 2001 und 2021 flossen zusammengenommen 86 Milliarden US-Dollar an offizieller Hilfe (Official Development Assistance) nach Afghanistan.[15] Instruktiver sind relative Zahlen: Laut dem Special Investigator General for Afghanistan Reconstruction (SIGAR), einem vom Kongress eingesetzten Kontrollbüro für die Ausgaben in Afghanistan, trugen internationale Transfers im Schnitt 40 Prozent zum Bruttoinlandsprodukt (BIP) bei. Etwa 75 Prozent der öffentlichen Ausgaben wurden extern finanziert.[16] Solche Schätzungen sind notorisch abhängig davon, was dazugezählt wird und welche Verwendungen als Kategorien gelten.[17] Sie illustrieren gleichwohl, dass die USA neben der sicherheitspolitisch induzierten Ausgabenkategorie für Kriegführung[18] auch nennenswerte Summen für den Aufbau des afghanischen Staates aufwandten.

Die westliche Intervention hat also in Afghanistan investiert, mit der klaren Zielstellung, dass sich diese Zahlungen – bei Erfolg – in Stabilität und sicherheitspolitischer Balance auszahlen würden. Anders formuliert: Erhebliche Geldsummen aufzubringen, um politische Institutionen und die Gesellschaft zu unterstützen, gehört historisch eher nicht zum Basisrepertoire von Besatzungen. Hier zeigt sich am deutlichsten, inwiefern die Intervention von der Besatzung auch konzeptionell zu unterscheiden ist. Dennoch hat die beschriebene Abhängigkeit keinen Anreiz gesetzt, die niedrige Steuerquote zu erhöhen, die dauerhaft die Beziehung zwischen Herrschenden und Beherrschten untergrub.[19] Denn der Staat geriet zur Quelle von Einkommen, anstatt als etwas zu gelten, das finanziert werden muss. Nur wenn

---

14 Siehe https://watson.brown.edu/costsofwar/ [11.1.2024].
15 Eigene Berechnung basierend auf Daten der Weltbank; online unter: https://data.worldbank.org/indicator/DT.ODA.ODAT.CD?end=2021&locations=AF&start=2001&view=chart [9.1.2024].
16 SIGAR, Quarterly Report to the U.S. Congress, January 30, 2022, S. 99; zit. nach Anthony H. Cordesman, »Reshaping U.S. Aid to Afghanistan. The Challenge of Lasting Progress«, in: *Center for Strategic & International Studies*, 23.2.2022; online unter: https://www.csis.org/analysis/reshaping-us-aid-afghanistan-challenge-lasting-progress [9.1.2024].
17 Neta C. Crawford, »The U.S. Budgetary Costs of the Post-9/11 Wars«, Working Paper, 1.9.2021; online unter: https://watson.brown.edu/costsofwar/files/cow/imce/papers/2021/Costs%20of%20War_U.S.%20Budgetary%20Costs%20of%20Post-9%2011%20Wars_9.1.21.pdf [9.1.2024].
18 Davon ging, wie das Cost-of-War-Projekt, aber auch SIGAR deutlich kritisieren, ein überproportionaler Anteil an private Militärfirmen.
19 Dazu insbesondere Florian P. Kühn, *Sicherheit und Entwicklung in der Weltgesellschaft. Liberales Paradigma und Statebuilding in Afghanistan*, Wiesbaden 2010, S. 241 ff.; sowie Nematullah Bizhan, *Aid Paradoxes in Afghanistan. Building and Undermining the State*, London / New York 2018, S. 82 ff.

Steuern bezahlt werden, kann die Bevölkerung Mitsprache einfordern, Einfluss auf den politischen Aushandlungsprozess nehmen und sich so den Staat ›aneignen‹. Der Staat blieb bis 2021 gegenüber der Bevölkerung fremd, eine Potemkin'sche Fassade ohne Verbindungen in die Gesellschaft.[20]

Letztlich waren aus wirtschaftlicher wie rechtlicher Sicht weder die Missionsziele noch die interventionistische Praxis in Afghanistan als Besatzung zu verstehen. Gleichwohl blieb die Regierung Afghanistans sowohl militärisch und in Sicherheitsfragen als auch ökonomisch und fiskalisch in einem selten gesehenen Ausmaß abhängig – und damit auch in der Festlegung ihrer Ziele, die ja finanziert werden mussten. Die Intervention schuf einen Rentierstaat, in dem die afghanische Regierung Transferempfänger war und blieb. Paradoxerweise waren in dieser Konstellation die Rentengeber, also die internationale Staatengemeinschaft, die Afghanistan finanzierte, nicht die weisungsgebenden Akteure. Sie hingen ab von den Sicherheitsnarrativen der afghanischen politischen Elite (siehe Abschnitt 3) und konnten so wenig gegen Korruption, Inkompetenz und rapide fortschreitenden Legitimitätsverlust ausrichten.[21]

Gleichzeitig trug die Intervention zum Legitimitätsverlust der afghanischen Regierung aktiv bei, indem sie durch ihr militärisches Vorgehen deren Unfähigkeit demonstrierte, die eigene Bevölkerung zu beschützen, beispielsweise bei nächtlichen Durchsuchungen oder bei Angriffen, die hohe zivile Opferzahlen zur Folge hatten. Auch Folter und außergerichtliche Tötungen bei gleichzeitiger Straffreiheit der afghanischen Funktionäre (etwa auch in der Drogenökonomie) und westlicher Soldaten ließen das Vertrauen der Bevölkerung schwinden, dass von ihrem Staat ein Schutzversprechen ausging.[22] So leisteten weder die intervenierenden Sicherheitskräfte noch das afghanische Militär oder die Polizei das, was im Besatzungsrecht eigentlich vorgesehen ist, namentlich den Schutz der Zivilbevölkerung. Statt der Gewalt und Ausbeutung, Erpressung und Geldforderungen ausgesetzt zu bleiben, wandten sich weite Teile der Bevölkerung deshalb Aufständischen oder den Taliban zu, deren Anziehungskraft vor allem darin bestand, dass sie Regeln setzten und durchsetzten sowie dass sie Schutz boten gegenüber staatlichen und internationalen Akteuren.

Während der Westen und insbesondere die kriegführenden Akteure diese Gruppen als Aufständische und Terroristen wahrnahmen, erfüllten sie in

---

20 Berit Bliesemann de Guevara / Florian P. Kühn, *Illusion Statebuilding.* Warum sich der westliche Staat so schwer exportieren lässt, Hamburg 2010, S. 160 ff.; sowie dies., »The Political Economy of Statebuilding. Rents, Taxes, and Perpetual Dependency«, in: David Chandler / Timothy D. Sisk (Hg.), *Routledge Handbook of International Statebuilding*, London / New York 2013, S. 219–230.

21 Bizhan, *Aid Paradoxes in Afghanistan*, S. 153 ff.; sowie Astri Suhrke, *When More Is Less.* The International Project in Afghanistan, New York 2011, S. 230–234.

22 Alastair Finlan, *Contemporary Military Strategy and the Global War on Terror.* US and UK Armed Forces in Afghanistan and Iraq 2001–2012, New York 2014, S. 183–189.

den Augen vieler in der afghanischen Bevölkerung gesellschaftlich wertvolle Aufgaben. Der folgende Abschnitt stellt diese Perspektiven in ihrer Vielschichtigkeit dar und arbeitet darauf aufbauend den Zusammenhang zwischen den Ambiguitäten und der Konfliktdynamik heraus.

Perspektiven verschiedener Gruppen

Der Interventionsverlauf in Afghanistan 2001 bis 2021 lässt sich – trotz oder gerade wegen einer im Kern irreführenden Unterscheidung zwischen lokalen und internationalen Akteuren – je nach Sichtweise der Interventionsmächte oder der einheimischen Bevölkerung wie der Eliten unterschiedlich charakterisieren. Die Unterscheidung in lokal und international ist in der Realität problematisch, weil sie beispielsweise international ausgebildete Afghaninnen und lokale Mitarbeiter von internationalen Organisationen essenzialisiert, das heißt auf ein Merkmal ihrer Identität reduziert. Damit gehen die Vielschichtigkeit und Ambiguität von Identitäten und Rollen, die Menschen in institutionellen Situationen haben und spielen, analytisch verloren.[23] Für die gewissermaßen offizielle Wahrnehmung sowie das Verständnis von Problemen und ihren Lösungen ist hingegen instruktiv, welches offizielle Narrativ die politischen Entscheidungen leitet. Wie etwa die Anhörungen der Enquete-Kommission des Deutschen Bundestages zum Afghanistaneinsatz zutage gebracht haben, dominierten nach dem 11. September 2001 die Solidarität mit den USA und die Furcht vor einem durch Terrorismus destabilisierten internationalen System die Entscheidungen, nicht etwa die Situation vor Ort.[24]

Wenn wir vertikal also nationale von internationalen Perspektiven unterscheiden können, so bietet es sich an, horizontal zwischen vorwiegend humanitär und entwicklungspolitisch aktiven Akteursgruppen einerseits und militärisch-sicherheitspolitischen andererseits zu differenzieren. Denn auch deren Ansichten weisen zentrale Varianzen hinsichtlich der Problemdiagnose auf, die programmatische Entscheidungen bedingen. Schließlich sind die Perspektiven afghanischer und westasiatisch-regionaler Akteure zu berücksichtigen, deren Einflussnahme sich auf kulturelle, oft rassistisch und

---

23 Vgl. Elisa Randazzo, »The Paradoxes of the ›Everyday‹. Scrutinising the Local Turn in Peace Building«, in: *Third World Quarterly* 37 (2016), 8, S. 1351–1370; Bruno Charbonneau, »War and Peace in Côte d'Ivoire. Violence, Agency, and the Local/International Line«, in: *International Peacekeeping* 19 (2012), 4, S. 508–524.
24 Vgl. dazu die Aussagen der ehemaligen Bundesminister Joschka Fischer und Heidemarie Wieczorek-Zeul vor der Enquete-Kommission zu Afghanistan im Deutschen Bundestag am 3.7.2023; online unter: https://www.bundestag.de/dokumente/textarchiv/2023/kw27-pa-enquete-regierung-955574 [9.1.2024]; sowie Florian P. Kühn, »›We are all in this together…‹. Deutschland in der Ambiguität der Afghanistanintervention«, in: Michael Daxner (Hg.), *Deutschland in Afghanistan*, Oldenburg 2014, S. 193–211, hier S. 198 ff.

ethnisch konnotierte Muster konzentrierte, die den westlichen Akteuren vielfach verborgen oder unverstanden blieben.²⁵

Entlang der ersten Unterscheidung sind Organisationen wie die UN, die NATO oder die EU, aber auch Staaten wie die USA, Deutschland oder das Vereinigte Königreich zu betrachten. Für sie stand anfangs die sicherheitspolitische Frage im Mittelpunkt, wie auf terroristische Anschläge zu reagieren sei, die jenseits der staatlichen Ordnung initiiert und ausgeführt wurden. Das Ordnungsversprechen des internationalen Systems – Staaten kontrollieren ›ihr‹ Territorium und stellen sicher, dass von diesem Territorium keine Gefährdung anderer ausgeht –, war mit 9/11 verletzt worden. Die militärische Intervention war deshalb zunächst ein Warnzeichen an Regime weltweit, sich nicht substaatlicher Gewaltakteure zu bedienen. Die Vormachtstellung der USA in politischer wie militärischer Sicht begünstigte diese Reaktion – ein weniger mächtiger Akteur wäre umfassender und früher an die Grenzen der eigenen Gestaltungsfähigkeit gestoßen.²⁶ Im Fahrwasser der USA bewegten sich alliierte Staaten ebenso wie internationale Organisationen: Um neben der Antiterrorismusmission, die sich als Operation Enduring Freedom (OEF) manifestierte, eine auf breiterer Basis legitimierte und agierende Mission zu etablieren, mandatierten die UN nicht nur die International Security Assistance Force (ISAF),²⁷ sondern auch eine zivil-politische Mission namens United Nations Assistance Mission Afghanistan (UNAMA), die den politischen, humanitären und Wiederaufbauprozess koordinieren sollte.

Schon diese Aufzählung deutet an, wie weit die Ziele der unterschiedlichen Staaten und Organisationen mitunter auseinanderklafften; auch wandelten sie sich über Zeit und als Reaktion auf unterschiedliche Problemwahrnehmungen. Die Frage, ob die anhaltenden Probleme Afghanistans in erster Linie entwicklungs- oder sicherheitspolitisch zu adressieren wären, wurde widersprüchlich beantwortet. Gleichwohl veränderte sich Afghanistan als Aufgabenstellung von einer, die international mit Geld und Knowhow bearbeitet werden könnte, hin zu einer, in der wesentliche Schwierigkeiten vor allem im Staatsaufbau von der afghanischen Regierung nennenswert mitverschuldet und damit von dieser zu verantworten seien. Die Korruption, die zunehmend als endemisch und nicht zu überwinden erschien, wurde in den 2010er-Jahren als Ausgangs- und gewissermaßen Endpunkt

---

25 Conrad Schetter, *Ethnizität und ethnische Konflikte in Afghanistan*, Berlin 2003, S. 580 ff.; weiters Willi Steul, *Paschtunwali. Ein Ehrenkodex und seine rechtliche Relevanz*, Wiesbaden 1981.

26 Finlan, *Contemporary Military Strategy and the Global War on Terror*, S. 26 ff.; auch Florian P. Kühn, »Von Mücken und Elefanten. Reflexionen über den Terrorismusdiskurs«, in: Michael Daxner / Hannah Neumann (Hg.), *Heimatdiskurs. Wie die Auslandseinsätze der Bundeswehr Deutschland verändern*, Bielefeld 2010, S. 243–271, hier S. 260 ff.

27 David P. Auerswald / Stephen M. Saideman, *NATO in Afghanistan. Fighting together, Fighting alone*, Princeton, NJ / Oxford 2014.

der Interventionsbemühungen identifiziert. Als Konsequenz zogen sich die internationalen Akteure zuerst politisch aus der Verantwortung und schließlich auch aus der militärischen Absicherung dieser als illegitim wahrgenommenen Regierung zurück.[28]

Der afghanischen Regierung war indes nicht entgangen, dass die Korruption eine kohärente Policy-Gestaltung unterlief und ihre Legitimität massiv beschädigte. Darüber hinaus wurden Leistungen, von denen die Bevölkerung profitierte, an der Regierung vorbeigeschleust und als von internationalen Gebern organisierte Hilfe deklariert, sodass die Regierung keine Output-Legitimität zu generieren vermochte.[29] Input-Legitimität besteht, wenn eine Regierung auf legitimem Wege an die Macht gekommen ist; auch sie war spätestens seit der flächendeckend irregulären Präsidentschaftswahl 2009 nicht mehr nennenswert.[30] Regierung wie Interventen waren nicht in der Lage, die Korruption zu verringern: Je mehr Geld man für die Verbesserung der Sicherheitslage ausgab, desto stärker stiegen die Anreize zur Korruption. Der Special Investigator General for Afghanistan Reconstruction (SIGAR[31]), der auch solche illegalen ›Abflüsse‹ aus den Wideraufbaubudgets aufzuklären mandatiert war, legte zahlreiche Berichte vor, die dokumentieren, dass die Korruption seitens der Interventen ähnlich umfassend war, aber eben ungleich weniger Konsequenzen hatte.

Während die Ideale der Intervention nach und nach von allen Beteiligten verraten wurden, war sich die afghanische Regierung ihrer Rentenabhängigkeit stets bewusst. Afghanistan war spätestens seit den 1950er-Jahren darin geübt, externe Gelder zu mobilisieren, die dann von den Empfängern zum eigenen politischen Vorteil genutzt wurden.[32] Dieses Muster griff nach 2001 verstärkt um sich. Oberste Adressatin der Rentenflüsse war natürlich die Regierung. Sie nutzte die sicherheitspolitische Rahmenerzählung, die

---

28 Florian P. Kühn, »The Unravelling of the Afghan Potemkin Village«, in: *Blogalstudies*, 19.8.2021; online unter: https://www.blogalstudies.com/post/the-unravelling-of-the-afghan-potemkin-village [9.1.2024].

29 Die begriffliche Unterscheidung geht zurück auf Fritz W. Scharpf, *Demokratietheorie zwischen Utopie und Anpassung*, Konstanz 1970. Siehe vor allem ders., »Legitimationsprobleme der Globalisierung. Regieren in Verhandlungssystemen«, in: Carl Böhret / Göttrik Wewer (Hg.), *Regieren im 21. Jahrhundert. Zwischen Globalisierung und Regionalisierung*, Wiesbaden 1993, S. 165–185, hier S. 166 ff.

30 Martine van Bijlert, »How to Win an Afghan Election. Perceptions and Practices«, in: *Afghanistan Analysts Network Thematic* (2009); online unter: http://www.afghanistan-analysts.org/wp-content/uploads/downloads/2012/10/2009-AAN-MvB-Afghan-Election-exec.pdf [9.1.2024]; sowie Florian P. Kühn, »Afghanistan. Neuer alter Präsident vor ungewisser Zukunft«, in: *German Institute for Global and Area Studies* (2009); online unter: https://www.giga-hamburg.de/de/publikationen/giga-focus/afghanistan-neuer-alter-praesident-vor-ungewisser-zukunft [9.1.2024].

31 Die Website ist nach verschiedenen Kategorien aufgeteilt und hinsichtlich der Vielschichtigkeit von operationeller Schlamperei, Korruption und Veruntreuung sehr instruktiv: https://www.sigar.mil/ [9.1.2024].

32 Rubin, *The Fragmentation of Afghanistan*, S. 62 ff.

Intervention (und damit die Gelder an sie selbst) seien notwendig, um internationalen Terrorismus einzudämmen. Eine Absenkung der Zuwendungen wurde gleichgesetzt mit der Fortsetzung von Anschlägen wie am 11. September 2001. Es ist erstaunlich, wie lange dieses Argument verfing. Denn die sicherheitspolitische Lage hatte sich schnell anders entwickelt: Die Folgen der US-Invasion im Irak beeinflussten das terroristische Geschehen viel stärker, und die geopolitischen Veränderungen verschoben Afghanistan auf eine nachrangige Position auf der Liste der sicherheitspolitischen Prioritäten. Die Antwort auf die Frage, warum sich die Intervention bis in die 2020er-Jahre hinzog, ist vor allem in dem Versuch zu sehen, internationale Glaubwürdigkeit zu bewahren.

Wenn man den Blick auf jene Gruppen richtet, deren politisches Zielpublikum vorwiegend innerhalb Afghanistans zu finden war, zeigt sich ein anderes Bild. Die Taliban waren nicht die einzige Gruppe, die mit dem Aufbau westlicher staatlicher Strukturen in Afghanistan nicht einverstanden war.[33] Regionale Gruppen in den Provinzen lehnten zentralisierte politische Strukturen ab, weil diese historisch mit gewalttätiger Ausübung von Kontrolle in Verbindung gebracht wurden. Sie fürchteten, ein zentraler Staat, der über die Mittel zur Durchsetzung seiner Politik verfügte, würde ihre lokale Macht mittelfristig einschränken. Andere, darunter die Taliban, lehnten das Staatsaufbauprojekt aus religiös-ideologischen Gründen ab, weil sie der Auffassung waren, dass westliche Staatlichkeit religionswidrig sei und deshalb in einem ›Heiligen Krieg‹ zu bekämpfen wäre. Jene Minderheit, die dieser Perspektive anhing, war auch mit Argumenten von Wahl- und Leistungslegitimität (Input/Output) nicht vom Staatsaufbauprojekt zu überzeugen. Auf die Dauer der Intervention bezogen, gewannen diese Gruppierungen die Oberhand, und die Taliban waren ihre bekannteste, durchschlagendste und letztlich im Widerstand erfolgreiche Ausprägung. Sie lehnten die afghanische Regierung, die im Zuge des Petersberg-Prozesses ab 2001 ins Amt kam, als westliche Marionettenregierung von Beginn an ab. Dies fiel zunächst nicht besonders auf, weil der Widerstand in den ersten Jahren uneinheitlich war. Erst nach etwa fünf Jahren, ab 2006, hatten sich die Taliban reorganisiert, sich mit ähnlichen Gruppen arrangiert oder diese integriert und begannen, gesellschaftliche Aufgaben wie Rechtsprechung und finanzielle Hilfen zu übernehmen, etwa für jene, die die Streitkräfte der Intervention geschädigt hatten.[34] Sie stellten damit jene Dienst-

---

33 Antonio Giustozzi, *Empires of Mud*. War and Warlords in Afghanistan, London 2009, S. 87 ff.; Dipali Mukhopadhyay, *Warlords, Strongman Governors, and the State in Afghanistan*, New York 2014, S. 40 ff.; Thomas Ruttig, »Islamists, Leftists – and a Void in the Center. Afghanistan's Political Parties and where They Come from (1902–2006)«, Kabul/Berlin 2006; online unter: https://www.kas.de/wf/doc/kas_9674-544-2-30.pdf [9.1.2024].

34 Antonio Giustozzi, *Koran, Kalashnikov and Laptop*. The Neo-Taliban Insurgency in Afghanistan, New York 2008; Shahzad, *Inside Al-Qaeda and the Taliban*, S. 190 f.

leistungen zur Verfügung, die der neue Staat nicht, jedenfalls nicht flächendeckend und keinesfalls fair, zu organisieren imstande war.[35]

Aus der Illegitimität der Regierung, ihres abhängigen Rentierstatus, der allen halbwegs nationalistisch gestimmten Bürgern negativ aufstieß, aus der praktischen Korruption vor allem auf den Straßen, die mit Selbstbereicherung und Machtmissbrauch der Eliten einherging, entstand über die Jahre eine breite Unterstützung für die widerständigen Gruppen. Ihr wesentlicher Appeal lag nicht in ihrer Ideologie, sondern in ihrer Moralität: Große Teile der Bevölkerung nahmen sie als nicht korrupt und in ihrer Machtausübung transparent wahr. Selbst städtische Eliten, die die Taliban vorher als ländlich, unkultiviert und rückständig abgelehnt hatten, hielten sie schließlich spätestens seit der Regierung von Aschraf Ghani für das kleinere Übel im Vergleich zur afghanischen Republik.[36] Die letzte Linie gesellschaftlicher Widersprüche, namentlich die zwischen Schichten auf dem Land und jenen in der Stadt, war damit überbrückt: Wie Philipp Münch herausgearbeitet hat, lässt sich die Konfliktgeschichte Afghanistans als häufig gewaltsamer Ablauf von Kämpfen um die Oberhand im Staat zwischen ländlichen Schichten und oberen, vor allem Landadels- und Produktionsklassen lesen. Mit der Übernahme der staatlichen Kontrolle durch die Taliban hat das Pendel wieder deutlich in Richtung antielitärer Herrschaft der einfachen (Land-)Bevölkerung ausgeschlagen.[37]

Afghanistan hat aufgrund wiederkehrender Geflüchtetenbewegungen eine der am weitesten ›internationalisierten‹ Gesellschaften. Die Perspektiven von Diaspora und internationalen Akteuren haben immer wieder ein bestimmtes Bild Afghanistans und seiner gesellschaftlichen Formation ›eingefroren‹. Das heißt, während der Intervention hielten sich Vorstellungen von ethnischen Konflikten, deren politische Relevanz überschätzt wurde.[38] Gleichwohl blieben die politischen wie die sozialen und religiösen Affiliationen erhalten, wie sich an der fast ausschließlich paschtunischen Ämterbesetzung durch die Taliban zeigt. Der internationale Blick auf Afghanistan vermag nicht Schritt zu halten mit der gesellschaftlichen und politischen Dynamik angesichts sich schnell wandelnder Allianzen, die nachfolgend für die internationale Intervention analysiert werden soll.

---

35 Saira Aquil, *Destined to Fail*. Democracy and State Building Experiment in Post-Taliban Afghanistan, Karachi 2023, S. 99 ff.

36 Florian Weigand, *Waiting for Dignity*. Legitimacy and Authority in Afghanistan, New York 2022.

37 Philipp Münch, »Beyond Ethnicity and Religion. The Social Structure of the Afghan War«, in: *Blogalstudies*, 24.9.2021; online unter: https://www.blogalstudies.com/post/beyond-ethnicity-and-religion-the-social-structure-of-the-afghan-war [28.12.2023].

38 Schetter, *Ethnizität und ethnische Konflikte in Afghanistan*, S. 580.

Die Konfliktdynamik der westlichen Stabilisierungsbemühungen

Wie bereits dargelegt, haben die Taliban erhebliches Durchhaltevermögen und ideologische ›Sturheit‹ bewiesen, wenn es darum ging, die Regierung abzulehnen, die durch die Intervention ins Amt kam. Freilich begünstigten die afghanischen Eliten die Ausweitung dieser Ablehnung in weite Teile der Gesellschaft, weil vor allem die gut vernetzten urbanen Eliten durch Bereicherung und Straffreiheit trotz Delinquenz (infolge der korrupten Justiz) auffielen. Die Intervention evozierte zunächst wenig gewaltsamen Widerstand, weil sich relevante Gruppierungen zurückhielten – sie wussten schlicht nicht, wie gut organisiert, zum Kampf bereit und fokussiert die internationale Intervention war. Mit großer taktischer Flexibilität, aber strategisch zielgerichtet testeten diese Gruppen die Entschlossenheit der Interventen.[39] Je mehr die Taliban unter den Widerstandsgruppen die Oberhand und damit die ideologische Führung gewannen, desto deutlicher trat ihre Fähigkeit zutage, aus den gesellschaftlichen Konfliktlinien einen Vorteil zu ziehen: Wo der Staat keine Rechtsprechung gewährleistete beziehungsweise wo die Rechtsprechung käuflich war, boten sie diese an; wenn der Sozialstaat schwach, die Ablehnung gegenüber allem Fremden stark oder die Angst vor moralischem Verfall durch als westlich verunglimpfte Werte groß waren, wussten die Taliban diese Stimmungen auszunutzen. Freilich setzten sie dazu Propaganda und Fehlinformationen ein. Zentral für ihr Vorgehen war, dass sie nicht im Verdacht standen, ihren persönlichen Vorteil über den der Organisation zu stellen.[40]

Kernaspekt des Konflikts war also die Ablehnung des Interventionsregimes und seiner Regeln. Religiös-islamistische, aber auch nationalistische, regionalistische, antistaatliche, antielitäre und chauvinistische Aspekte, die sich im Verlauf der Intervention zunehmend unter dem Dach der Taliban versammelten, beschleunigten und verstärkten diese Bruchlinie. Die beinah schon ›klassischen‹ Konfliktlinien zwischen ethnisierten Gruppen wie der Nordallianz gegenüber paschtunischen Gruppen, ebenso wie die sich vor allem hinsichtlich ihrer Marktintegration unterscheidenden urbanen und ländlichen Gruppen, traten dagegen in den Hintergrund: Sie verschwanden nicht und blieben für den Konfliktverlauf einflussreich, waren aber gegenüber der Ablehnung der international abgesicherten Regierung nicht mehr dominierend.

---

39 Giustozzi, *Koran, Kalashnikov and Laptop*, S. 37 ff.; Shahzad, *Inside Al-Qaeda and the Taliban*, S. 34.

40 Gemäß neueren Berichten steht dieses Image inzwischen infrage, denn seit der Übernahme durch die Taliban wird vermehrt über einen Anstieg der Korruption in ihren Reihen berichtet. Inwiefern dies einem Stereotyp entspringt und der Hoffnung, die Taliban gingen denselben delegitimierenden Weg wie die Republik, ist offen.

Was den Konflikt und den Gewaltverlauf für Außenstehende so schwer lesbar macht, ist indes das Zusammenspiel verschiedener Einflussfaktoren, wie die Einflussnahme durch Nachbarstaaten, finanzielle Unterstützung islamistischer Akteure durch Spender aus den Golfstaaten oder oft kurzlebige Allianzen zwischen Gruppierungen. Die Vorstellung, über hohen Mittelaufwand zum wichtigsten Spieler im politischen Raum zu avancieren, erwies sich schon nach wenigen Jahren als Selbsttäuschung des Westens:[41] Denn nach anfänglichem Abwarten begannen die afghanischen Akteure drei Dinge zu verstehen. Der Westen hatte erstens eine begrenzte Spanne politischer Aufmerksamkeit, er setzte zweitens mittelfristig andere Prioritäten und sein Wille, weiter in Afghanistan zu investieren, war drittens leicht verwundbar. Die afghanische(n) Regierung(en) wussten das und versuchten, per verstärktem Rentiersappell ihr Einkommen zu verlängern und zu erhöhen; die Widerstandsgruppen wussten dies ebenfalls und betonten, ihr Sieg sei nur eine Frage der Zeit, mit der afghanischen Regierung zu kooperieren, wäre also zwangsläufig eine verlorene Sache.[42]

Zur selbsterfüllenden Prophezeiung wurde der Abzug der internationalen Unterstützung, weil viele in der afghanischen Armee nicht daran glaubten, dass die Regierung ohne internationales Aufpäppeln überleben könnte und in der Folge nicht bereit waren, für deren Bestehen zu kämpfen. Wie schnell die Taliban im Sommer 2021 die Kontrolle in Kabul übernehmen konnten, überraschte sie wohl selbst – aber zugleich folgte die Dynamik des Machtwechsels dem von den Taliban vorgezeichneten Skript: Gerade weil die Regierung in der Lesart der Taliban eine Marionette des Westens war, folgte als logische Konsequenz aus dem Ende der westlichen Unterstützung deren politisches Ende im Land.

Der vom Westen so verstandene Aufbau einer eigenständigen Staatlichkeit, inklusive selbsttragender, mit der Gesellschaft verwobener und kontrollfähiger Regierungsstrukturen, blieb in den Augen ihrer Gegner ein Arrangement für eine Übergangszeit.[43] Ihre Konfliktinterpretation motivierte sie, diese Frist aktiv zu verkürzen. Für die westlichen Akteure war die Zeit der Faktor, der die politischen Kosten eines dauerhaften Interventionseinsatzes in die Höhe trieb, während die Zweifel wuchsen, ob das angestrebte Ziel überhaupt zu erreichen war. Unsicherheit machte sich breit: Was, wenn die Mehrheit in Afghanistan einen solchen Staat wirklich nicht wollte? Was, wenn die Ziele mit diesen afghanischen Partnern nicht erreichbar waren? Gab es überhaupt Partner, die verdienten, dass man sich für sie und diese Ziele engagierte? Was, wenn der Westen und allen voran die USA sich selbst

---

41 Bliesemann de Guevara / Kühn, *Illusion Statebuilding*, S. 198.
42 David Zucchino, »Collapse and Conquest. The Taliban Strategy That Seized Afghanistan«, in: *The New York Times*, 18. 8. 2021.
43 Kühn, »Der Kollaps der Potemkin'schen Staatlichkeit«, S. 33 f.

und ihre militärische Leistungs- und Gestaltungsfähigkeit schlicht überschätzt hatten?

Einer selektiven Lesart der Geschichte Afghanistans zufolge hatten afghanische Akteure jedweder Besetzung und Unterwerfung stets erfolgreich getrotzt, weshalb das Land im Westen als *graveyard of empires*, also als Friedhof der Weltreiche, firmierte.[44] Diese weltpolitische Perspektive wurde Teil der Konfliktdynamik: Wenn westliche Interventionen nicht in der Lage waren, Staaten wie das militärisch, politisch und ökonomisch am unteren Ende aller Ranglisten stehende Afghanistan zu reorganisieren, war dann ihre Macht so groß wie angenommen? Die geopolitische Konkurrenz, die sich nicht nur, aber augenfällig in der aggressiven Außenpolitik Chinas und Russlands zeigt, beruht auf der Vorstellung eines schwächelnden Westens, der sich aus der globalen Sicherheitspolitik zurückzieht. Ein solcher Rückzug schafft Räume, in die revisionistische Mächte stoßen können. Dies betrifft natürlich auch die Konfliktkonstellationen in der Region um Afghanistan, wo Pakistans beinah paranoide Angst vor Indien die Politik in Afghanistan massiv beeinflusst. Weil Afghanistan jene ›strategische Tiefe‹ lieferte, die den Eliten in Pakistan als Vorteil im Machtkampf in Südasien galt, musste das Regime um Militärdiktator Pervez Musharraf 2001 signalisieren, auf der Seite der USA zu stehen; gleichwohl durften aber weiterhin Taliban-Kader die Rückzugsräume in Pakistan nutzen.[45] Die zentralasiatischen Staaten navigierten zwischen der autoritären sicherheitspolitischen Kooperation mit dem Westen, großer Arbeitsmigration ihrer Bevölkerungen nach Russland und chinesischen Investitionen, die zwar willkommen waren, aber auch soziale Verwerfungen produzierten. Iran schließlich unterstützte zunächst stillschweigend den Westen wegen des ideologischen Antagonismus mit den Taliban, ohne die Ablehnung der USA oder Israels deshalb aufzugeben; aber auch die Folgen des Drogenhandels, vor allem mit Opium, was insbesondere den Osten Irans sozial zu destabilisieren drohte, begründete diese Haltung. Mit wachsendem Erfolg der Taliban nahm aber auch deren Kooperation mit Iran zu. Die regionalen Konfliktlinien waren – und bleiben das auch nach dem Abzug des Westens und der erneuten Übernahme der Kontrolle durch die Taliban – vielfältig und volatil. Anders als die internationale Intervention sich selbst wahrnahm, war sie Teil der mehrschichtigen Verwerfungen und des taktischen wie strategischen Kalküls der Akteure vor Ort wie international.

44 Florian P. Kühn, »Afghanistan and the ›Graveyard of Empires‹. Blumenberg, Under-Complex Analogy and Basic Myths in International Politics«, in: Berit Bliesemann de Guevara (Hg.), *Myth and Narrative in International Politics. Interpretive Approaches to the Study of IR*, London 2016, S. 147–172.

45 Katja Mielke / Conrad Schetter, *Pakistan. Land der Extreme*, München 2013, S. 209 ff.; Sumit Ganguly, *Conflict Unending. India-Pakistan Tensions since 1947*, New York 2001, S. 139 ff.

Über die Interventionsgesellschaft, auf beiden Seiten

Wenn Afghanistan der Austragungsort für vielfältige Konflikte und ein Testfeld für Konkurrenzbeziehungen war, wie lässt sich die daraus resultierende Interventionsgesellschaft charakterisieren? Und welche Rolle spielen die Staaten, die aktiv – mittels Steuergeldern für humanitäre und entwicklungspolitische Maßnahmen, durch Militär und Staatsaufbauhilfe sowie politisch und diplomatisch – in Afghanistan mitgestalteten? Teresa Koloma Beck zufolge sind Interventionen wie die in Afghanistan »Labore der Weltgesellschaft«, in denen verschiedene Bestandteile der Weltgesellschaft zueinander in Beziehung gesetzt werden, mit multidimensionalen Auswirkungen. Die gesellschaftlichen Transformationen, die dabei entstehen, passieren auf der internationalen Ebene ebenso wie in zwischenmenschlichen Beziehungen, etwa zwischen lokalen und internationalen Mitarbeitern von Organisationen. Es ist insofern nicht erstaunlich, dass es gerade persönliche Loyalitäten waren, deretwegen westliche Individuen versuchten, ihren afghanischen Gegenübern bei der Flucht zu helfen, als die Taliban Kabul übernahmen.[46]

Die Intervention schuf in Afghanistan nicht allein eine Wahrnehmung und Illusion von Fortschritt und Befreiung, sie ermöglichte auch wirtschaftliches Engagement und Bildungsmöglichkeiten. Diese Aspekte verschwinden nicht einfach, wenn das Herrschaftssystem wechselt – gleichwohl waren die Hoffnungen im Westen, die vor allem städtischen Eliten würden die für sie günstigen Bedingungen mit Zähnen und Klauen verteidigen, aus den oben beschriebenen Gründen nicht realistisch. Denn auch diese Schichten sahen sich betroffen und in ihrem Status von korrupten, isolierten Eliten bedroht, die keinen Anspruch mehr hatten, für Afghanistan zu stehen.[47] Die Machtübernahme der Taliban markierte also, was die gesellschaftliche Formation in Afghanistan betrifft, ein Moment der Unklarheit darüber, welche Gesellschaft die Intervention eigentlich geformt hat.

The jury is still out, wie es im Englischen heißt: Ein abschließendes Urteil, welcher Form und wie weitreichend die persönlichen, ideellen, wirtschaftlichen und religiösen Veränderungen sind, die auf zwei Dekaden Intervention zurückgehen, ist noch nicht möglich. Derzeit sind diese Veränderungen nicht sichtbar: Nicht nur unterbinden die Taliban die Internationalisierung Afghanistans weitgehend, also den Kontakt zu internationalen Akteuren und

---

46 Teresa Koloma Beck, »Paradoxien des Interventionismus. Zur Sozialen Logik der Intervention«, in: Koloma Beck / Kühn (Hg.), *Zur Intervention*, S. 117–133, hier S. 130 f. Im Übrigen gab es ein Versprechen der meisten westlichen Staaten, bedrohten Individuen und ihren Familien Visa auszustellen. Dieses Versprechen löste Deutschland nicht ein.

47 Zur These, der Mangel an Achtung der Bürger habe den Staat wesentliche Unterstützung gekostet, vgl. Weigand, *Waiting for Dignity*, S. 273 ff.; sowie ders., »Gescheitert – aber womit? Legitimität und Wissen in Afghanistan«, in: Koloma Beck / Kühn (Hg.), *Zur Intervention*, S. 75–94, hier S. 92 f.

Informationen über diese. Auch haben im rigiden Klima, das auf Einschränkungen und Angst beruht, alternative politische Entwürfe keinen Platz und keine Öffentlichkeit. Demgegenüber zeigen Proteste, etwa von Frauenrechtlerinnen, dass gesellschaftliche Unzufriedenheit auf Dauer nicht komplett durch Zwang und Unterdrückung eingehegt werden kann.

Zum jetzigen Zeitpunkt sind vor allem die gesellschaftlichen Ergebnisse der Afghanistanintervention für die Herkunftsländer deutlich. In den USA, die die Mission in Afghanistan politisch wie militärisch anführten, ebenso wie in europäischen Ländern, zeigt sich ein deutliches Zögern, das Leiden anderer zu adressieren, es überhaupt wahrzunehmen. Der politische Diskurs etwa um den Angriffskrieg Russlands gegenüber der Ukraine wird dort vor allem als geopolitisches und viel weniger als ein Problem menschlichen Leids verstanden. Die westlichen Öffentlichkeiten sind misstrauisch gegenüber Argumenten wie dem vom Leiden von Frauen und Kindern in Afghanistan, das dann eine weitreichende Intervention und transformative Politik rechtfertigen soll. Die Intervention, die Conrad Schetter das »Umerziehungslager des Westens« genannt hat, erzog eben nicht nur die afghanische Gesellschaft um, sondern auch die westlichen Akteure selbst.[48]

Während die Auswirkungen von zwanzig Jahren Intervention auf die Gesellschaft in Afghanistan erheblich waren – auch wenn die von den Interventen gewünschte Transformation nicht nach ihrem Skript verlief –, werden die Effekte der Intervention in den Ländern der Interventen selten thematisiert.[49] Für Michael Daxner haben die Interventionen, nicht nur in Afghanistan, Deutschland in eine »Veteranengesellschaft« verwandelt: Eine Gesellschaft, in der Dienst für das eigene Land, ob als Soldatin oder humanitärer Helfer, zu Traumatisierung oder Tod führen kann. Auch auf der Seite der Mächtigen in einer Transformationsmission zu stehen, der Zwangscharakter, der auch den wohlmeinenden Projekten innewohnte, prägte die Erfahrungen der Interventionsbeteiligten.[50] Dass Begriffe wie Posttraumatische Belastungsstörung (PTBS) mittlerweile gesellschaftlich geläufig sind, ist dabei nur ein oberflächlicher Ausdruck des Wandels. Die gesellschaftliche Aufarbeitung des deutschen Einsatzes ist nicht abgeschlossen.[51] Derzeit wird die Arbeit des Bundesinnen-, des Außenministeriums sowie des Bundesministeriums für wirtschaftliche Zusammenarbeit und Entwicklung ressortübergreifend evaluiert, im Deutschen Bundestag bemühen sich eine

---

48 Conrad Schetter, »Das Umerziehungslager des Westens«, in: *Süddeutsche Zeitung*, 1.6.2006, S. 2. Zur globalen Dissemination von Polizeiarbeit und ihren Taktiken vgl. etwa Jana Hönke / Markus-Michael Müller (Hg.), *The Global Making of Policing. Postcolonial Perspectives*, London / New York 2016.

49 Als Ausnahme siehe Daxner/Neumann (Hg.), *Heimatdiskurs*.

50 Michael Daxner, »Gefallene und Veteranen – die Wiederkehr«, in: ders. (Hg.), *Deutschland in Afghanistan*, S. 249–259.

51 Teresa Koloma Beck / Florian P. Kühn, »Was vom Scheitern übrig blieb. Das Ende der Intervention in Afghanistan«, in: dies. (Hg.), *Zur Intervention*, S. 7–17, hier S. 16.

Enquete-Kommission zu den Lehren aus dem Afghanistan-Einsatz[52] und ein Untersuchungsausschuss zum Abzug 2021[53] um eine umfassende Bewertung.

Außenpolitisch zeigt sich der Wandel an einer deutlichen Weigerung, sich in Konflikte hineinziehen zu lassen. In Deutschland drückte sich diese Veränderung bereits in der Enthaltung im UN-Sicherheitsrat bei der Abstimmung zum Mandat für die militärische Kurzzeitintervention in Libyen aus; weitere Krisen seither, ob in Syrien oder Äthiopien, im Sudan oder anderswo, führten im politischen Diskurs nicht zu Interventionsforderungen. Was in Afghanistan lang dauerte – zu verstehen, dass die unterstützte Regierung keine Unterstützung mehr verdiente –, wurde in Mali schneller verstanden, weshalb dort konsequent der Abzug folgte, als das Militär die Regierung gewaltsam übernommen hatte. Freilich war ein solcher Wandel augenfälliger als die vergleichsweise langsame Metamorphose der afghanischen Regierung, die sich über längere Zeit in eine Gruppierung von bemerkenswert korrupter Inkompetenz verwandelte. Die Akteure der Intervention in Afghanistan waren darauf bedacht, den Anschein von Besatzung zu zerstreuen und deutlich zu machen, ihre Intervention verfolge eine transformative Mission, in der eine afghanische Vertretung wesentliche Entscheidungsmacht hätte. Davon blieb schließlich nicht mal ein Funke Interventionswillen übrig. Der Westen legte seinen überschwänglichen Interventionsenthusiasmus, der seinen Ursprung in der liberalen Hybris und im Machbarkeitsglauben der 1990er-Jahre hatte, letztlich ab.

Was lehrt uns dies über Interventionen und Besatzung? Die Intervention in Afghanistan war keine Besatzung, trotz Verwandtschaft und in manchen Aspekten gleicher Praxis. Die Unabhängigkeit der von der Intervention eingesetzten Regierung mag bezweifelt werden; auch das Gewaltniveau mag an einigen Stellen vergleichbar sein. Aber in Afghanistan blieben schwere Verstöße gegen Menschenrechte und Schutz der Zivilbevölkerung nicht durchgehend folgenlos, sondern wurden – wenigstens ansatzweise – von der (Militär-)Justiz verfolgt. Wie die Bundestagsausschüsse zeigen, ist zumindest oberflächlich keine »Verantwortungsabwehr«, wie von Tönsmeyer beschrieben, zu verzeichnen.[54]

Gleichwohl ist der Verweis auf die Führungsrolle der USA in der Intervention, deren überwiegend fehlgeleitete Politik nicht beeinflussbar gewesen sei, ein wiederkehrender Topos. Zwar ist die Teilnahme an politisch fragmentierten internationalen Interventionen, die in »organisierter Verant-

---

52 Deutscher Bundestag (Hg.), Enquete-Kommission »Lehren aus Afghanistan für das künftige vernetzte Engagement Deutschlands«; online unter: https://www.bundestag.de/ausschuesse/weitere_gremien/enquete_afghanistan [8.1.2024].
53 Deutscher Bundestag (Hg.), 1. Untersuchungsausschuss (Afghanistan) der 20. Wahlperiode; online unter: https://www.bundestag.de/ausschuesse/untersuchungsausschuesse/ua01 [8.1.2024].
54 Siehe hierzu den Beitrag Tatjana Tönsmeyer in diesem Heft.

wortungslosigkeit«[55] transformativ eine Gesellschaft jenseits ihres eigenen Autoritätsbereichs steuern, mit einer unilateralen Besatzung nicht vergleichbar. Aber die Linie zwischen beiden Formen des Eingreifens ist fein, und in mancherlei Hinsicht, etwa wenn es um die demokratische und kapitalistische Erziehung der Subjekte in Interventionsländern geht, greift die Intervention tiefer in die gesellschaftliche Formation ein als eine Besatzung.

Eine internationale Intervention, die aufgrund einer Vielzahl von Akteuren naturgemäß unkoordiniert ist und bei der sich immer eine Eigendynamik zwischen den Interventenländern entwickelt, ist also in ihren Auswirkungen nicht notwendigerweise normativ besser oder effektiver im Erreichen ihrer Ziele als eine Besatzung. Sie hinsichtlich ihrer Mittel, aber auch ihrer Ziele und ihres Verlaufs nüchtern zu analysieren, bleibt umso mehr eine politische wie wissenschaftliche Aufgabe. Das normativ aufgeladene Argumentationsmuster, dem zufolge Interventionen zuvorderst einem humanitären Ideal dienen,[56] wird bei klarem Blick auf die zwei Dekaden des Westens in Afghanistan jedenfalls gründlich widerlegt.

Florian P. Kühn lehrt an der School of Global Studies, Universität Göteborg, und ist wissenschaftlicher Koordinator des vom BMBF geförderten Forschungsverbunds »Bayerisches Zentrum für Friedens- und Konfliktforschung – Deutungskämpfe im Übergang« an der Universität Bayreuth.
florian.p.kuehn@gu.se

---

55 Bliesemann de Guevara/Kühn, *Illusion Statebuilding*, S. 192.
56 Berit Bliesemann de Guevara/Florian P. Kühn, »Wir sind nicht nur hier, um zu helfen«, in: *Die Zeit*, 3.2.2011; online unter: https://www.zeit.de/2011/06/P-Intervention [10.1.2024].

»Haben wir das Richtige getan?«
Ein Gespräch mit Thijs Bouwknegt

Sie leiten am Institut für Kriegs-, Holocaust- und Völkermordstudien das wissenschaftliche Projekt »Die Niederlande und Afghanistan 2001–2021«. Wie kam es zu diesem Projekt, was wollen Sie untersuchen und was wollen Sie erreichen?

Nach dem Abzug der Truppen aus Afghanistan im August 2021 hat das Parlament die Regierung aufgefordert, die niederländische Beteiligung am Krieg in Afghanistan genauer unter die Lupe zu nehmen. Mit dieser Aufgabe wurden zwei Institutionen beauftragt: das NIOD Institut für Kriegs-, Holocaust- und Völkermordstudien an der Königlich Niederländischen Akademie der Wissenschaften, an dem ich arbeite, und das Niederländische Institut für Militärgeschichte (NIMH), das dem Verteidigungsministerium untersteht. Vor einem Jahr wurden wir damit beauftragt, die Rolle der NATO-Staaten im Krieg in Afghanistan, die politischen und militärischen Entscheidungen sowie die Arbeit von Nichtregierungsorganisationen und die Folgen für die afghanische Gesellschaft gründlich zu untersuchen. Wir haben zunächst unser Team zusammengestellt, nach geeigneten Wissenschaftlerinnen und Wissenschaftlern gesucht. Derzeit sind wir 18 Personen – Historiker:innen, Anthropolog:innen, Politikwissenschaftler:innen und einige, die sich im Völkerrecht auskennen. Offenkundig stellen sich im Zusammenhang mit dem Einsatz in Afghanistan auch eine Reihe juristischer Fragen.

Wir haben mit Ministerien und Behörden gesprochen, dem Ministerium für Allgemeine Angelegenheiten, also dem Ministerium des Ministerpräsidenten, dem Verteidigungsministerium, dem Außenministerium, dem Ministerium für Justiz und Sicherheit. Das sind unsere Auftraggeber und zugleich unsere Unterstützer. Wir haben Zugang zu allen uns relevant erscheinenden Quellen, etwa zu den Aufzeichnungen und Daten des Militärs, der Nachrichten- und Sicherheitsdienste sowie zu den Dokumenten von Nichtregierungsorganisationen, die von der niederländischen Regierung gefördert wurden. Die Regierung versucht auch, uns Zugriff auf Dokumente anderer Akteure wie der NATO und den Vereinten Nationen (UN) zu ermöglichen. Das bedeutet, dass alle, die in diesem Projekt arbeiten, einer Sicherheitsüberprüfung unterzogen werden und eine entsprechende Freigabe brauchen. Mit der eigentlichen Forschungsarbeit haben wir im Sommer 2023 begonnen, das Institut für Militärgeschichte konnte die Arbeit etwas früher aufnehmen.

Was wird von Ihnen und Ihren Kolleg:innen erwartet?

Wir sollen einen ausführlichen Abschlussbericht erstellen. Er wird auf neun Teilstudien beruhen. Dabei geht es sowohl um den internationalen als auch um den nationalen Kontext, um die politischen Diskussionen und Entscheidungen wie auch um die Reaktionen der Afghan:innen. Wir nutzen auch Oral History, befragen Zeitzeugen. Es wird eine Studie zu Verantwortlichkeiten und Verantwortung geben, zur Art und Weise, in der die niederländische Regierung die Beteiligung an der US-Intervention und der UN-Mission organisiert hat. Wir sind ein großes Team mit einem großen Budget. Das ist erforderlich, da auch Reisen nach Afghanistan und Gespräche mit Afghanen in der Diaspora geplant sind.

Die Niederlande haben an der Operation Enduring Freedom teilgenommen, sich an der im Anschluss an die Resolution 1386 des UN-Sicherheitsrates gebildeten International Security Assistance Force (ISAF) beteiligt und auch bei den Provincial Reconstruction Teams mitgewirkt. Hinzu kamen diplomatische Anstrengungen und die Aktivitäten von niederländischen NGOs. Insgesamt waren etwa 30.000 Niederländerinnen und Niederländer involviert. Das sind sehr viele Personen für ein so kleines Land.

Was wollen wir wissen? Wir wollen wesentliche Dynamiken des Krieges in Afghanistan analysieren, die Art und Weise erhellen, wie die Niederlande dort agiert haben. Welche Ziele wurden verfolgt? Was wurde erreicht? Welche Folgen hatte der Einsatz?

Rechnen Sie mit politischen Konsequenzen nach der Veröffentlichung des Abschlussberichts?

Das lässt sich derzeit nur schwer einschätzen. Mein Institut war an verschiedenen Untersuchungen beteiligt, darunter auch eine zu Srebrenica, wo niederländische Blauhelm-Soldaten im Juli 1995 nicht verhinderten, dass serbische Truppen Tausende bosnische Männer und Jungen ermordeten. Nach der Veröffentlichung des Berichts zu Srebrenica ist die damalige Regierung von Wim Kok im April 2002 geschlossen zurückgetreten, aber sie wäre ohnehin nur noch einen Monat im Amt gewesen. Ein 2022 veröffentlichter Untersuchungsbericht zur Rolle des niederländischen Militärs im indonesischen Unabhängigkeitskrieg 1945 bis 1949 zog keine größeren politischen Konsequenzen nach sich. Die Regierung von Mark Rutte hat sich entschuldigt, aber Wirkungen entfaltete der Bericht vor allem in der Zivilgesellschaft, sowohl unter den Veteranen des Krieges als auch unter den Indonesier:innen in den Niederlanden.

Wer in vier Jahren, wenn wir unseren Bericht zum Afghanistan-Einsatz veröffentlichen werden, an der Macht sein wird, wissen wir nicht. Das Parlament ist bereits heute ein anderes als 2021. Von den 150 Abgeordneten, die damals im Parlament waren, sind ungefähr 80 ausgeschieden, nicht wieder gewählt worden. Daher ist eine Prognose zu den politischen Folgen kaum möglich. Vieles wird davon abhängen, was wir herausfinden werden. Im Sommer 2021, nachdem die Taliban Kabul überraschend schnell eingenommen hatten, war das Interesse an den Ereignissen und Entwicklungen in Afghanistan sehr groß. Wer weiß schon, wie das in vier Jahren sein wird.

Der Einsatz in Afghanistan dauerte zwanzig Jahre, von 2001 bis 2021. Wie wurde die Beteiligung niederländischer Soldaten am Anfang gerechtfertigt?

Einen Tag nach den Terroranschlägen des 11. September 2001 rief die NATO den Bündnisfall nach Artikel 5 aus, dem zufolge ein Angriff auf ein NATO-Land einen Angriff auf alle NATO-Staaten bedeutet. Da die Niederlande NATO-Mitglied sind, mussten sie sich beteiligen, sie waren dazu verpflichtet. Daher beteiligten sich die Niederlande am sogenannten Krieg gegen den Terror. Die Niederlande verfügen nur über eine kleine Armee, unterstützten aber ab 2001 die Operation Enduring Freedom.

Das offizielle Ziel der USA, al-Qaida ebenso wie das Taliban-Regime, das der Terrororganisation Unterschlupf gewährt hatte, zu besiegen oder wenigstens stark zu schwächen, war rasch erreicht. Die Taliban wurden militärisch besiegt, in Kabul konnte eine neue Regierung installiert werden, ISAF wurde gebildet. All die Maßnahmen wurden unter dem Sicherheitsaspekt diskutiert. Damit verband sich das Ziel, Afghanistan wiederaufzubauen, nach den Jahren der sowjetischen Besatzung, des Bürgerkriegs und der Herrschaft der Taliban. Afghanistan sollte ein sichererer Ort werden, nicht länger als Basis für Terrorgruppen dienen. Das war die zweite Begründung für den »Einsatz«, wie die offizielle Bezeichnung lautete. Im Verlauf der Mission wurde schließlich ein dritter Grund aufgerufen: *nation building*. Menschenrechte sollten garantiert werden, insbesondere für die Frauen. Dieses Argument spielte in der niederländischen Öffentlichkeit seinerzeit die größte Rolle. Wenn man heute fragen würde, was die Niederlande in Afghanistan getan haben, würde die Antwort der meisten wohl lauten: Wir haben den Frauen Menschenrechte gebracht. Diese Begründung wurde weithin akzeptiert, von den Durchschnittsbürger:innen und Steuerzahler:innen geglaubt. Aber die Aufmerksamkeit ließ rasch nach, sie galt ab 2003 verstärkt dem Irak.

Wie haben die Soldaten ihren Einsatz wahrgenommen? Und hat sich diese Wahrnehmung im Laufe der Zeit verändert?

Ein Kollege von mir führt Interviews mit Veteranen durch. Unter ihnen sind auch Afghanen, die mit den niederländischen Truppen zusammengearbeitet haben. Die Gruppe der Veteranen ist in sich sehr heterogen. Die meisten

Soldaten waren sehr jung, manche nur kurz in Afghanistan, andere länger. Man muss berücksichtigen, dass der Charakter des Einsatzes sich über die Jahre verändert hat. Es war dann nicht mehr von Intervention die Rede, sondern von einer Hilfsmission für die neue Regierung. Bei dieser ging es vor allem um die Ausbildung afghanischer Sicherheitskräfte und um lokale Projekte. Die Niederlande waren besonders in der Provinz Uruzgan aktiv. 2004 wurde Jaap de Hoop Scheffer NATO-Generalsekretär, die Niederlande hatten daher eine Führungsrolle bei Entscheidungen in der NATO. Noch können wir nicht abschließend sagen, wie die Veteranen heute ihren Einsatz beurteilen. Wir vermuten jedoch, dass angesichts der heutigen Lage, die so wenige Fortschritte gegenüber der Situation im Jahr 2001 erkennen lässt, einige ihren Einsatz skeptisch beurteilen und die damaligen Begründungen infrage stellen werden.

Der Afghanistan-Einsatz ist in Deutschland aus den verschiedensten Gründen kritisiert worden, das Konzept der Besatzung hat dabei jedoch keine Rolle gespielt. War das in den Niederlanden anders?

Nein, von Besatzung war in der Diskussion weder bei den Militärs noch in der Politik oder unter Journalist:innen die Rede. Einige kritisierten den Einsatz als eine Form des Kolonialismus oder des Imperialismus, aber das beschränkte sich weitgehend auf den akademischen Raum. Offiziell sprach man von Präsenz. Nun ja, auch wenn man ein Land besetzt, ist man präsent und hat Präsenz. Die Debatte ist heikel, der Begriff der Okkupation in den Niederlanden historisch stark belastet. Er bezieht sich in erster Linie auf die Zeit der deutschen Besatzung. Wenn die Leute an Okkupation denken, geht es um die Niederlande zwischen 1940 und 1945, um die Erfahrung, selbst besetzt zu sein, nicht darum, seinerseits ein anderes Land zu besetzen. Das beeinflusst die soziale Psyche. Die niederländische Gesellschaft ist eine vielfältige, multiethnische Gesellschaft. Hier leben viele Menschen aus früheren niederländischen Kolonien, zum Beispiel aus Niederländisch-Indien, Suriname, von den karibischen Inseln. Sie haben wahrscheinlich eine andere Perspektive auf die Bedeutung von Besatzung und Kolonialismus. Das ist eng mit ihren Erfahrungen oder denen ihrer Vorfahren verbunden. Die Niederlande waren eine vergleichsweise große Kolonialmacht, es gibt verschiedene Arten, die Begriffe Kolonialismus oder Imperialismus zu nutzen, sie auch als Waffe in politischen Auseinandersetzungen zu verwenden.

Was man unter Besatzung versteht, hängt nicht zuletzt von aktuellen Ereignissen ab, gegenwärtig etwa von der Wahrnehmung der Situation in Gaza und der Einschätzung der israelischen Politik. Das schiebt sich in den Vordergrund, prägt auch das Reden über Afghanistan. Das tatsächlich vorhandene Wissen über den Einsatz und seine Geschichte ist nach meinem

Eindruck gering. Die Afghan:innen in den Niederlanden sprechen hingegen häufiger von Besatzung. Vor Kurzem habe ich mit einer Afghanin über die Zeit der Militärpräsenz geredet. Wenn sie die internationale Zone verließ, musste sie sich ausweisen. Die örtliche Bevölkerung war überall stark von den Einsatzkräften abhängig. Wer im Land reisen wollte, hatte seine Ausweispapiere vorzuweisen. Solche Regelungen erwartet man in einem besetzten Gebiet. Daher wird diese Terminologie retrospektiv häufiger verwendet. Was als Intervention begann, Einsatz oder Präsenz genannt wurde, erwies sich als Besatzung. Besetzt war Afghanistan, wenn man das so nennen will, allerdings nicht so sehr von den Niederländern, sondern vielmehr von einer großen Koalition aus 51 Ländern.

Welche Rolle spielte die Erinnerung an die britische Besatzung im 19. und die sowjetische im späten 20. Jahrhundert?

Eine unserer Studien wird sich damit beschäftigen, dass im Lauf der Geschichte verschiedene Mächte von außerhalb versuchten, in Afghanistan zu intervenieren oder das Land zu besetzen. Die größte Rolle spielt dabei die Erinnerung an die sowjetische Besatzung. Parallelen zu den Jahren mit und unter den westlichen Truppen werden immer öfter gezogen. Interessant ist auch die Zeit zwischen dem sowjetischen Einsatz und dem Beginn der Intervention 2001. Ausländische Kräfte waren auch damals sehr aktiv in Afghanistan. Al-Qaida ist keine afghanische Organisation, Osama bin Laden war bekanntlich Saudi, dazu kamen Ägypter, auch Jemeniten. Und die Taliban waren eine Flüchtlingsorganisation, die in Pakistan Fuß gefasst hatte, zu der auch viele Pakistani gehörten. Insofern könnten die Afghan:innen sagen: Ja, wir haben ständig Probleme, aber die größten Probleme kommen von außen. Da jedoch die Taliban aus der Region stammen, würden sie die Taliban-Zeit wohl nicht als Besatzungszeit bezeichnen.

Welche Terminologie nutzen Sie in Ihrem Forschungsprojekt?

Wir haben diese wichtige Frage noch nicht abschließend geklärt und diskutieren sie noch. Gerade in einer großen, multidisziplinären Gruppe fällt es nicht leicht, sich darüber zu einigen, wie man die Dinge bezeichnet. In unserer Gruppe arbeiten auch zwei afghanische Forscher, wir versuchen, deren Sichtweisen einzubeziehen. Als Historiker bin ich darum bemüht, möglichst deskriptiv zu verfahren. Allerdings wollen wir eine Darstellung vermeiden, die dem Muster folgt: Erst geschah das, dann jenes, und dieses führte dann zum Status quo.

Wir können uns darauf einigen, dass es einen Krieg gab. Das ist Konsens. Die Niederländer waren an einem Krieg beteiligt, der von Politiker:innen und NGO-Funktionär:innen anders genannt wurde. Deren Sprache und

Vokabular problematisieren wir: Intervention, Einsatz zum Wiederaufbau des Landes, humanitäre Mission etc. Diplomatinnen und Diplomaten bedienen sich anderer Vokabeln als Militärs. Daher werden wir zunächst versuchen, das spezifische Vokabular verschiedenen Akteuren zuzuordnen, es zu beschreiben und zu analysieren. Eine wichtige Ergänzung werden die Interviews mit Angehörigen der in sich sehr heterogenen afghanischen Community bieten. Es wird unsere Aufgabe sein, ihre Erfahrungen zu notieren und zu kontextualisieren. Ein Urteil darüber, wie sie diesen Erfahrungen Ausdruck verleihen, steht uns nicht zu. Aber wir problematisieren das offiziöse Vokabular. Es ist schließlich unsere Aufgabe als Wissenschaftler:innen, nicht in der offiziellen Sprache gefangen zu bleiben.

Wie man Ereignisse benennt, ist darüber hinaus ein wichtiges Problem des humanitären Völkerrechts. Wie bezeichnet man Angriffe einer Gruppe auf eine andere, wie zum Beispiel Kriegsverbrechen? Im Niederländischen haben wir zwei Ausdrücke dafür. Der eine ist mehr beschreibend: *Oorlogsmisdaden*. Das ist kein juristischer Begriff. Daneben gibt es den juristischen Ausdruck *Oorlogsmisdrijven*, der Verbrechen bezeichnet, die nach dem Gesetz strafbar sind.

Auch beim Begriff der Besatzung kommt es auf den Kontext an. Für Militärhistoriker:innen ist das gewiss ein problematischer und selten verwendeter Begriff. Die Diskussion darüber ist in unserer Forschungsgruppe noch im Gange. Bei uns arbeiten Personen aus verschiedenen Nationen, etwa aus Deutschland, Großbritannien, Australien und Afghanistan. Und auch wenn unser aller Arbeitssprache Englisch ist, bleibt es dennoch schwierig, eine gemeinsame Sprache für Vorgänge und Ereignisse zu finden.

Welche Rolle kommt afghanischen Wissenschaftler:innen in Ihrem Forschungsprojekt zu?

Zum einen arbeiten wir mit Afghan:innen, die in den Niederlanden leben, mit Ansprechpartner:innen für die afghanische Community und die allgemeine Öffentlichkeit. Mit ihnen diskutieren wir ihre Wahrnehmung des Einsatzes und der Entwicklungen in Afghanistan. Im Team selbst arbeiten ein afghanischer Politikwissenschaftler und ein afghanischer Historiker. Sie verfügen, was für unser Vorhaben entscheidend ist, über die nötigen Sprachkenntnisse. Sie beschäftigen sich mit lokaler Geschichtsschreibung, machen Feldforschung. Die Interviews mit Afghaninnen und Afghanen machen sie selbst. Das ist ein Vorteil, denn führt man solche Gespräche mithilfe von Dolmetscher:innen, gehen oft wesentliche Informationen verloren. Das wollen und können wir vermeiden, wir schärfen somit unsere Wahrnehmung dank der Konfrontation verschiedener Perspektiven.

Ihr Projekt läuft noch nicht sehr lange. Welche Einsichten haben Sie bisher gewonnen?

Das Projekt ist auf vier Jahre angelegt. Wir rekonstruieren ein zwei Jahrzehnte dauerndes Geschehen, an dem neben Afghanistan 51 weitere Länder beteiligt waren. Das ist eine gewaltige Aufgabe, unsere bisherige Arbeit nur ein erster Schritt. Wir haben es mit Millionen von Dokumenten zu tun. Allein sie zu lesen, würde ein ganzes Leben erfordern. Daher müssen wir auswählen und uns gut überlegen, worauf wir uns fokussieren und was wir auslassen wollen. Eine Einsicht, die wir bereits gewonnen haben, kennt jede Historikerin und jeder Historiker: Man braucht stets viel mehr Zeit, als man hat. Dass wir es mit Verschlusssachen und als vertraulich eingestuften Dokumenten zu tun haben, kompliziert unsere Arbeit zusätzlich. Wir haben zwar völlig freien Zugang, werden uns aber im Bericht nur auf freigegebenes Material stützen. Aus meiner Arbeit für das UN-Kriegsverbrechertribunal zu Ruanda (ICTR) habe ich bereits einige Erfahrungen im Umgang mit brisanten Dokumenten gewonnen, das kann für Jüngere anfangs schwierig sein.

Vor rund zwanzig Jahren waren viele vom Konzept der Schutzverantwortung (responsibility to protect) und der Notwendigkeit humanitärer Interventionen überzeugt. Wie beurteilen Sie diese Konzepte nach den Erfahrungen in Afghanistan? Handelte es sich um Illusionen, Selbsttäuschungen?

Zunächst ging es 2001 darum, die USA gegen Terrorangriffe zu verteidigen. Damals herrschte in den westlichen Ländern große Unsicherheit, worum es sich bei diesem neuen Phänomen handelte, wie man sich dazu verhalten sollte, wie Sicherheitsdienste und Militär restrukturiert werden sollten, um der Bedrohung zu begegnen. Im Vordergrund stand die Frage, wie man Nationen und Staaten vor dem neuen Feind schützen könnte. Das Konzept der humanitären Intervention gewann vor allem mit dem Aufstieg von Terrororganisationen wie ISIS an Plausibilität. Die Niederlande haben sich auch an der Koalition gegen den sogenannten Islamischen Staat beteiligt. Dieser Einsatz wurde als Kampf gegen den Terrorismus und als humanitäre Intervention gerechtfertigt. Es ging darum, syrische und irakische Zivilistinnen und Zivilisten zu schützen. Das gilt auch für den öffentlich weniger bekannten Einsatz in Mali. Wenn eine Bevölkerung von ihrer eigenen Regierung oder von anderen Kräften angegriffen wird, dann, so meinte man, sollte die internationale Gemeinschaft aus humanitären Gründen eingreifen und helfen. Die Ansichten dazu haben sich seither verändert.

Der Internationale Strafgerichtshof (ICC) in Den Haag bietet Ländern wie den Niederlanden die Möglichkeit, nicht zu intervenieren und stattdessen den Fall einem Ankläger des Gerichts zu übergeben. Es gibt keine

Verpflichtung zur Intervention, wohl aber die Verpflichtung, Verbrechen zu verfolgen. Auf diesem Gebiet herrscht allerdings große Selektivität. Die größte humanitäre Katastrophe findet derzeit in Darfur statt, aber der Westen greift dort ebenso wenig ein wie in Äthiopien. Auch das ist nicht neu, es sagt aber etwas darüber, wie der Westen Ländern gegenüber reagiert, in denen er keine direkten Interessen hat. Afghanistan war wichtig, weil man dort eine potenziell große Bedrohung sah. Als es dann darum ging, die Einheimischen zu gewinnen, sprach man von einer humanitären Intervention. Sie sollten etwas anderes tun, als den Westen anzugreifen. Unter meinen Studierenden sind einige trotz des Fehlschlags in Afghanistan weiterhin von der Notwendigkeit humanitärer Interventionen überzeugt.

Welche Frage, die wir hätten stellen sollen, haben wir nicht gestellt?

Es wäre darüber zu sprechen, wie viele Länder sich entschlossen haben, den Afghanistan-Einsatz aufzuarbeiten und sich der eigenen Verantwortung zu stellen. Wir untersuchen die Vergangenheit in einem wissenschaftlichen Projekt. Man kann auch, wie in Australien geschehen, einen Ermittlungsrichter beauftragen. Denkbar ist auch eine parlamentarische Untersuchungskommission, wie es sie in einigen skandinavischen Ländern gibt. Mit diesem Thema, dem Umgang mit Verantwortung, wird sich eine unserer Studien befassen. Der 2002 installierte Internationale Strafgerichtshof besitzt ein Mandat zu Ermittlungen, hat bisher aber nichts in dieser Richtung unternommen. Das ist aufschlussreich. Viele der beteiligten Nationen haben nach dem Abzug aus Afghanistan dem Land den Rücken zugekehrt. Wir sollten keinesfalls vergessen, dass in den zwanzig Jahren des Einsatzes mindestens 150.000 Afghaninnen und Afghanen ums Leben gekommen sind. Millionen wurden entwurzelt, vertrieben, haben ihren Lebensunterhalt verloren, die Wirtschaft liegt in Trümmern. Der Westen hat für den Einsatz große Anstrengungen unternommen, sehr viel investiert – und dann das Land einfach aufgegeben.

Dieser Geschichte, den Erwartungen und Erfahrungen, müssen wir uns selbstkritisch stellen. Die Frage lautet: Haben wir das Richtige getan, als wir in Afghanistan waren? Das ist eine völlig andere Frage als: Haben wir die Dinge richtig gemacht?

Thijs Bouwknegt leitet das Forschungsprojekt zur niederländischen Beteiligung in Afghanistan (2001–2021) am NIOD Institut für Kriegs-, Holocaust- und Völkermordstudien in Amsterdam.
t.bouwknegt@niod.knaw.nl

Das Gespräch mit Thijs Bouwknegt führten Jens Bisky und Karsten Malowitz.

Martin Bauer

Ortstermin: Dreifaltigkeitsfriedhof II, Bergmannstraße, Berlin-Kreuzberg

Wir waren für den Vormittag verabredet, 10 Uhr an einem hochsommerlichen Mittwoch, der in aller Frühe schon einen weiteren heißen Augusttag ankündigte. Den Termin hatte der Steinmetz ausgemacht, der den Plan zur Grabgestaltung ordnungsgemäß bei der Friedhofsverwaltung eingereicht hatte, zu der er – nach eigener Auskunft – gute Beziehungen unterhielt. Schließlich hatte er auf dem Kreuzberger Dreifaltigkeitsfriedhof häufig zu tun und also auch mit dessen Verwaltung in den Händen der protestantischen Landeskirche. Doch legte die zuständige Verwaltungsangestellte Einspruch gegen den Entwurf ein. Die Abmessung des Grabsteins überschreite die vorgegebenen Maße. Sei das Grab einen Meter breit, dürfe der Grabstein nicht breiter als achtzig Zentimeter sein. Wir aber hatten uns einige Wochen zuvor im Weddinger Atelier des Steinmetzes darauf verständigt, dass der Stein die Ruhestätte an der Kopfseite bündig begrenzen, also genauso breit wie das Grab ausfallen sollte. Eine so simple und überschaubare Anlage könne, so nahmen wir an, im anstehenden Genehmigungsverfahren nicht auf Schwierigkeiten stoßen. Weit gefehlt.

Telefonisch ließ sich die Verwaltung trotz diplomatisch geschulter Intervention durch den Steinmetz nicht umstimmen. Der gelernte Bildhauer war wegen des Ablehnungsbescheids etwas perplex, erklärte jedoch, kommunale Friedhofsverwaltungen ließen sich manchmal leichter handhaben als die konfessionellen, und betonte zudem, individuelle Gestaltungsarrangements seien auf Berliner Friedhöfen gewöhnlich ungleich leichter zu vereinbaren als im Kontakt mit westdeutschen Friedhofsverwaltungen. Die hätten ihn und seine jeweiligen Kunden gelegentlich arg mit Vorschriften traktiert. So wurde mit der Verwaltungsleiterin ein Ortstermin in der Hoffnung anberaumt, man könne sich im persönlichen Gespräch an der Grabstätte – umgeben von Nachbargräbern, deren Gestaltung all die Vorgaben eklatant verletzten, welche die Verwaltung jetzt für unumstößlich erklärt hatte – vielleicht gütlich einigen.

Pünktlich erschien die resolute Dame, begleitet von ihrer mit einer Dokumentenmappe bewaffneten Assistentin. Sie begrüßte uns bei mittlerweile tatsächlich glühenden Temperaturen ausnehmend freundlich, um im Verlauf der anschließenden Unterhaltung buchstäblich keinen Millimeter von dem abzurücken, was ihre Verwaltung zuvor bereits festgehalten hatte. Es war nichts zu wollen. Schlimmer noch, als der Steinmetz erwähnte, die Seiten des Grabes sollten durch eine schmale, ins Erdreich versenkte Aluminiumschiene eingefasst werden, verschlug es ihr für einen Augenblick die Sprache. Das sei, erklärte sie nach einem tiefen Atemzug, aus »versicherungstechnischen Gründen« vollkommen unmöglich. Es müsse uns doch klar sein, dass Besucher des Friedhofs sich an den scharfen Kanten verletzen könnten. Sie war empört, ganz so empört wie einige Minuten zuvor, als wir auf die Gräber verwiesen hatten, die das von ihrer Verwaltung verfochtene Größenverhältnis zwischen Grab und Grabsteinbreite in bestechender Anschaulichkeit missachteten. »Diese Gräber wurden zu einem Zeitpunkt angelegt, als ich hier noch keine Verantwortung trug.«

Ihre letzte Amtshandlung an diesem Vormittag bestand darin, via Smartphone einen Friedhofsgärtner herzuobeordern, der auf ihr Geheiß mit kräftigen Hammerschlägen vier angespitzte Holzpfähle in den Boden trieb. Sie markierten die definitiven Außenmaße des Grabs, legten damit letztgültig – und für die Verwaltung jederzeit überprüfbar – fest, in welcher Breite der Grabstein auszuführen sei.

Verwaltungen tendieren dazu, so Niklas Luhmann, sich auch zu ihren Umwelten wie zu Verwaltungen zu verhalten. Das Zitat quittierte der Steinmetz mit einem resignativen Lächeln. Bevor sich unsere Wege trennten, bot ich ihm deprimiert eine Zigarette an. Wortlos starrten wir das abgesteckte, jetzt neu zu gestaltende Rechteck an. Auf dem katholischen Friedhof des westfälischen Dorfes, in dem ich aufgewachsen bin, wäre Nikotinkonsum ein Sakrileg gewesen. Damals, in den frühen 1960er-Jahren, stand die scharfe Trennung zwischen Profanem und Sakralem unerschütterlich in Geltung, beinahe wie in archaischen Gesellschaften. Und der Dorffriedhof war ein eminent sakraler Ort. Tempi passati!

Auf Beschluss der UNESCO ist die »Friedhofskultur in Deutschland« seit dem Jahr 2020 offizieller Teil des immateriellen Weltkulturerbes. Wie das *Bundesweite Verzeichnis Immaterielles Kulturerbe* ausführt, umfasst besagte Kultur »vielfältige kulturelle Ausdrucksformen: von den Ritualen der individuellen Trauerverarbeitung – mit der Beisetzung auf dem Friedhof als zentralem Handlungsrahmen – über die Gestaltung der Gräber als kleine Gärten der Erinnerung bis hin zur Nutzung des Kulturraums Friedhof als soziale Begegnungsstätte und kulturellem Veranstaltungsort«.[1] Außerdem, heißt es weiter, seien mit der deutschen Friedhofskultur »besonderes Wissen und Fertigkeiten in den Bereichen Bestattung, Landschaftsplanung, Gärtnern und Steinmetzhandwerk verbunden«. Es handle sich um ein Wissen, das »über Jahrhunderte gewachsen« sei und »an vielen alten Friedhöfen, die kulturell und historisch bedeutend sind, besichtigt werden« könne. So gesehen, stellen sich Friedhöfe in unserem Land nicht zuletzt als geschützte Freilichtmuseen dar, was in etwa der Perspektive entspricht, die auch das in Kassel angesiedelte »Museum für Sepulkralkultur« favorisiert. Für ihren Rigorismus könnte die Berliner Verwaltungsleiterin also durchaus reklamieren, kraft höheren weltkulturellen Auftrags lizenziert zu sein. Wie könnte die Gestaltung öffentlicher Museen nach rein individuellem Gusto geschehen?

Lassen wir dahingestellt, ob man gewachsenes Wissen tatsächlich »besichtigen« kann. Unstrittig dürfte in jedem Fall sein, dass Friedhöfe zu Besuchen einladen und gewissermaßen als dreidimensionale Urkunden begehbar sind. In ihnen findet ein informiertes Auge wahlweise Dorf-, Stadt- oder nationale Kulturgeschichte bezeugt. Die einschlägige Literatur, sogenannte Friedhofsführer, bieten Besuchern:innen, den Trauernden, den Spaziergänger:innen wie den Tourist:innen denn auch kompakte Informationen hauptsächlich über die auf den Friedhöfen vorfindlichen Grabstätten historisch bedeutsamer Persönlichkeiten. In diesen Publikationen kommt das in der Historiografie ansonsten verpönte Genre der Anekdote zu neuen Ehren. Wir erfahren, wer der Erfinder der Postkarte gewesen ist, lernen, dass eine Verblichene die »Muse« von Schiller gewesen sein soll und dass nicht Ludwig Tieck, sondern seine Tochter Dorothea in Wahrheit das meiste von Shakespeare übersetzt hat, während ungesichert sei, ob auch sie im Grab des Vaters bestattet wurde, vor dem wir gerade stehen.

---

1 Deutsche UNESCO-Kommission e. V. (Hg.), »Bundesweites Verzeichnis Immaterielles Kulturerbe. Friedhofskultur in Deutschland«, online unter: https://www.unesco.de/kultur-und-natur/immaterielles-kulturerbe/immaterielles-kulturerbe-deutschland/friedhofskultur [2.1.2024].

Der Berliner Theologieprofessor Friedrich Ernst Daniel Schleiermacher (1768–1834), bedeutender Übersetzer der Werke Platons und Begründer der modernen Hermeneutik, leitete die protestantische Bestattung, mit der im Jahre 1825 der Dreifaltigkeitsfriedhof eingeweiht wurde. Dort findet sich noch heute seine Grabstätte.

Was Friedhöfe als »soziale Begegnungsstätten«, die sie nach Auskunft der Sepulkralkulturforschung sind, zweifelsohne und ganz grundsätzlich in Erinnerung rufen, ist der spätestens seit der Steinzeit nachweisbare, sozusagen urgeschichtliche Umstand, dass Menschen – im Gegensatz zu Tieren – ihre Toten durch Ritualhandlungen würdigen, die zivilisationsgeschichtlich von überwältigender Vielfalt sind. Dabei handelt es sich in der erstaunlichen Regel um Übergangsriten, die dem *factum brutum* humaner Sterblichkeit insofern den Stachel ziehen, als sie die Grenze zwischen Leben und Tod als Passage in Szene setzen. Kultisch überformt ist Sterben ein Abschied, als Weggang zugleich aber auch Übertritt in eine andere Sphäre, eine Reise, die Gestaltwandel mit sich bringt. Christliche Konfessionen versprechen sogar überirdische Erlösung, in der sterblicher Leib und unsterbliche Seele am fernen Tag eines letzten Gerichts wieder zueinanderfinden, vorausgesetzt, das Urteil fällt entsprechend aus. Weil die Verstorbenen unter der Optik der Kulte trotz ihres Ablebens fortexistieren, bleiben sie für die Lebenden präsent, etwa als Ahnen. Deren Gegenwart ist jedoch unbestimmt, folglich unter Umständen furchteinflößend, womit sie deutungsbedürftig wird. Läuft Religion, worauf der Berliner Religionswissenschaftler Klaus Heinrich bestand, zuerst und zuletzt auf eine Haltung der Sorgfalt hinaus, so ist gattungsgeschichtlich wenn nicht rätselhaft, so doch bemerkenswert, mit welcher Sorgfalt sich die menschliche Spezies der Toten angenommen hat und weiterhin annimmt. Giambattista Vico ging bereits im frühen 18. Jahrhundert so weit, nicht allein in der strikten Reglementierung menschlicher Sexualität, sondern in streng kodifizierten Bestattungszeremonien das untrügliche Indiz für die Macht einer Unterscheidung zu identifizieren, die er mit Descartes für fundamental hielt. Gemeint ist die Differenz zwischen Natur und Kultur. Nicht das Inzesttabu signalisiert für Vico die Geburt einer genuin humanen Kultur, sondern die soziale Praxis, Tote in Kulthandlungen zu integrieren, die ihren Teilnehmer:innen erlauben, sich zugleich als Individuen und als Mitglieder eines Kollektivs zu erfahren, dem selbst die Toten angehören. Im Feld der politischen Ideologien offeriert nur der Nationalismus, jedenfalls nach der Deutung, die ihm Ernest Renan in seiner berühmten Rede vom 11. März 1882 gegeben hat, eine kultisch aufgeladene Konzeption von Gemeinschaft, zu der die Toten wie die Lebenden einer Nation zählen: kein Nationalismus ohne Totenkulte, ohne die beirrende Idee, dass Tote eine nationale Identität besäßen.

Dasjenige Ritual, mit dem am Himmelfahrtstag 1825 der Dreifaltigkeitsfriedhof in Kreuzberg eingeweiht wurde, war eine protestantische Bestattung. Friedrich Schleiermacher, bedeutender Theologieprofessor und an der Berliner Universität der religionsphilosophische Gegenspieler seines Zeitgenossen Georg Wilhelm Friedrich Hegel, leitete die Zeremonie. Er gehörte zu den Predigern der Dreifaltigkeitsgemeinde, für die er ihren damals bereits vierten Begräbnisplatz einsegnete. Nach dieser Gemeinde, die sich seit ihrer Gründung im Jahre 1783 ständig vergrößerte, deshalb mehrere Friedhöfe zur Bestattung ihrer Gemeindemitglieder brauchte, wurde der Friedhof benannt. Anfang des 19. Jahrhunderts lag er vor den Toren des Halleschen Ufers, mithin noch außerhalb der Stadtgrenze.

Bekanntlich wuchs Berlin, anders als andere Städte, erst langsam aus verschiedenen Ortschaften zusammen. Deshalb besitzt es keinen Zentralfriedhof, dafür eine große Anzahl innerstädtischer Friedhöfe, deren gegenwärtige Lage verrät, wie die Stadtgrenzen einstmals verliefen. Das Allgemeine Preußische Landrecht hatte 1794 festgelegt, dass neue Begräbnisplätze fortan für die gesamte Bevölkerung – also nicht mehr nur für die Armen – vor den Toren der Stadt anzulegen seien. Untersagt wurden damit Bestattungen in einer Kirche oder auf dem sie unmittelbar umgebenden Kirchhof.

Ohne diese folgenreiche Gesetzgebung gäbe es all die kleineren und größeren Friedhöfe nicht, die sich heute über das gesamte Stadtgebiet verteilen. Es sind über zweihundert. Aus hygienischen Gründen wurden bei der Einrichtung dieser Friedhöfe Hanglagen bevorzugt. Dort konnten die Winde olfaktorische Belastungen, zu Deutsch: den Leichengeruch, besser vertreiben. Auch der Dreifaltigkeitsfriedhof weist diese berlintypische Besonderheit auf. Bevor das Areal seiner neuen Bestimmung zugeführt wurde, diente es seinen vormaligen Besitzern als Weinberg.

Nicht weniger folgenreich für die Entwicklung des Friedhofwesens in Berlin war eine zweite gesetzgeberische Maßnahme Preußens. Konnte am 27. November 1912 die erste Urnenbeisetzung in Berlin stattfinden, hatte diese bedeutsame Innovation der hiesigen Sepulkralkultur eine schlichte juristische, wiewohl revolutionäre Voraussetzung: das Recht auf Einäscherung, dem sich die protestantische Kirche aus religiösen Gründen lange widersetzt hatte, wurde gesetzlich verankert. Mithin ließ sich im November 1912 das erste Krematorium in Berlin erbauen, dessen Betreiber auf verlässliche Nachfrage setzen durfte.

Ein Jahrhundert später sind Erdbestattungen nicht nur in Berlin, sondern im ganzen Bundesgebiet die Ausnahme. In der Hauptstadt sind 75 Prozent aller Bestattungen Urnenbestattungen, im Bundesgebiet liegt ihr Anteil bei rund 78 Prozent. Das Resultat dieser Entwicklung, die ohne signifikante Versachlichung, ja Profanierung des Umgangs mit Leichen undenkbar wäre, ist auf fast allen Friedhöfen in Deutschland zu besichtigen. Sie schrumpfen rapide. Da die Urnenbeisetzung ungleich platzsparender als alle anderen Begräbnisformen ist, besonders auffällig angesichts der im Jargon der Friedhofsverwaltungen »Schließfächer« genannten kollektiven Urnengräber, geht der Raumbedarf der Friedhöfe signifikant zurück. Und mit ihm die Einnahmen, die deren Unterhalt vormals finanzierten.

In der Konsequenz sehen sich die zuständigen Verwaltungen genötigt, über etwas ernsthaft nachzudenken, was Um- oder Mehrfachnutzung von Friedhöfen heißt, für gewisse Gemüter jedoch deren Entweihung meint. Von daher sind Konflikte vorprogrammiert, die sich nicht leicht zivilisieren lassen, weil in ihnen die Unterscheidung zwischen sakral und profan plötzlich wieder virulent wird. So wurde 2016 erwogen, auf einem weitgehend nicht mehr genutzten, im Grunde schon stillgelegten Teil des Dreifaltigkeitsfriedhofs Wohnungen für etwa 160 Geflüchtete zu errichten. Für dieses zweifelsohne humanitäre Anliegen während der Hochzeit der ›Flüchtlingskrise‹ hatte sich der Evangelische Friedhofsverband Berlin Stadtmitte ausgesprochen – und damit einen ungeheuren Proteststurm ausgelöst. Dass sich die Erregungsbereitschaften von Kreuzberger Anwohner:innen seinerzeit ausdrücklich auf die damit anstehende Verletzung von Grundregeln der Pietät beriefen, kann nicht überraschen, wird den Verdacht aber nicht völlig ausräumen, handfest xenophobe Einstellungen seien womöglich auch im Spiel gewesen. Das Projekt wurde jedenfalls schleunigst abgeblasen. Inzwischen klappen an sonnigen Wochen- wie Sonntagen Leute aus dem Stadtteil auf diesem oberen Teilstück des Friedhofs die mitgebrachten Liegestühle auseinander, schälen sich geschwind aus ihrer Kleidung und geben sich, spärlich bekleidet, ausgiebigen Sonnenbädern hin. Ihre Pietät nimmt an dieser Art von Umnutzung keinen Anstoß. Von Protesten aus der Nachbarschaft ist nichts zu hören, vielmehr wird kolportiert, auf der weiten, windumspielten Fläche mit teilweise älterem Baumbestand solle in absehbarer Zukunft ein Park angelegt werden, inklusive eines kleinen Teichs zur Optimierung des Mikroklimas. Der Friedhof wird innerstädtische Grünfläche.

Auf inzwischen ungeteilte Akzeptanz stößt auch ein seit 2013 betriebenes Kaffeehaus nebst eigener Rösterei, das sowohl Angehörige anzieht, die sich soeben um das Grab

In den Friedhofsverwaltungen werden sie Schließfächer genannt. Man mag angesichts der Bezeichnung solcher Grabstätten für eine Vielzahl an Urnen einen Mangel an Pietät beklagen, doch gibt ihr Erscheinungsbild der Namensgebung ein gewisses Recht.

eines Familienmitglieds gekümmert haben, als auch junge und ältere Anwohner:innen sowie alle möglichen Flanierende, die durch Kreuzberg streunen. Abgeschirmt vom Verkehrslärm der Stadt – der Blick schweift entspannt über die üppige Fauna und Flora, wie sie der stille, nur durch Vogelgezwitscher beschallte Friedhof beheimatet –, verabredet sich die Kundschaft im Café Strauss auf Kaffee und Kuchen. Eingerichtet wurde die Gaststätte, die zu einer mittlerweile stattlichen Reihe gut frequentierter Berliner Friedhofcafés zählt, in einem sechs Meter hohen Gewölbe, wo ursprünglich die jüngst Verstorbenen für mindestens drei Tage aufzubahren waren. An ihren Extremitäten befestigte man bis weit in das 19. Jahrhundert hinein winzige Glöckchen, die bei kleinster Bewegung vernehmbar Laut geben, mithin signalisieren würden, dass die vermeintlich Verschiedenen noch am Leben waren. Versehentlich einen Scheintoten zu beerdigen, war eine geradezu phobische Obsession der Zeit, in der Leichen zwar schon als Sachen galten, doch immer noch als unheimliche. Wie wenig Industriegesellschaft und Spiritismus einander ausschlossen, bestätigt die Metaphorik eines durch und durch profanen, erklärtermaßen geschichtsmaterialistischen Pamphlets, in dem vom »Gespenst des Kommunismus« wie selbstverständlich die Rede war.

Annähernd hundertfünfzig Jahre später besang ein damals noch materialistisch gestimmter Poet dann den Besuch eines anderen Berliner Friedhofs, der in dessen unmittelbarer Nachbarschaft liegt. Die Szene könnte aus unseren Tagen stammen. Allerdings hat Wolf Biermann, der in der Chausseestraße wohnte, sein Gedicht »Der Hugenottenfriedhof« vor dem Mauerfall und der Ausbürgerung aus einer noch existierenden DDR zu Papier gebracht:

»Wir gehn manchmal zwanzig Minuten
Die Mittagszeit nicht zu verlirn
Zum Friedhof der Hugenotten
Gleich hier ums Eck spazirn
Da duftet und zwitschert es mitten
Im Häusermeer blüht es. Und nach
Paar wohlvertrauten Schritten
Hörst Du keinen Straßenkrach

Wir hakeln uns Hand in Hand ein
Und schlendern zu Brecht seinem Grab
Aus grauem Granit da, sein Grabstein
Paßt grade für Brecht nicht schlecht
Und neben ihm liegt Helene
Die große Weigel ruht aus
Von all dem Theaterspielen
Und Kochen und Waschen zu Haus

Dann freun wir uns und gehen weiter
Und denken noch beim Küssegeben:
Wie nah uns manche Tote, doch
Wie tot uns manche, die leben«[2]

Der Philosoph Martin Bauer war bis 2022 geschäftsführender Redakteur der Zeitschrift Mittelweg 36.
martin.t.bauer@t-online.de

---

2 Wolf Biermann, »Der Hugenottenfriedhof«, in: Alfred Etzold / Wolfgang Türk,
 Der Dorotheenstädtische Friedhof. Die Begräbnisstätten an der Berliner Chausseestraße,
 Berlin 2002, S. 25.

br., 800 S., 35 Abb., 4 Karten, 35 € | 978-3-86854-388-9

Andrej Angrick

Besatzungspolitik und Massenmord

Die Einsatzgruppe D in der südlichen Sowjetunion 1941–1943

Hamburger Edition

»[E]in Buch, das für die künftige Erforschung der Einsatzgruppen neue Maßstäbe setzt.« *FAZ*

»Wer sich mit der deutschen Besatzungspraxis und dem deutschen Vernichtungskrieg gegen die Sowjetunion beschäftigt, wird auf dieses Buch nicht verzichten können.« *Osteuropa*

Hamburger Edition
Verlag des Hamburger Instituts für Sozialforschung

Zeitschrift Berliner Debatte Initial

Herausgegeben von der Berliner Debatte Initial e.V.

Das Themenspektrum von Berliner Debatte Initial reicht von der Transformations- und Osteuropaforschung, die in den 1990er Jahren den Schwerpunkt bildete, über ideengeschichtliche, philosophische, sozialtheoretische und kultursoziologische Fragestellungen bis zu aktuellen gesellschaftspolitischen Debatten und Zeitgeist-Themen.

BEZUGSINFORMATIONEN 2023

Erscheinungsweise:
vierteljährlich

Einzelheft (print): € 18,00
Alle Preise inklusive MwSt.
ISSN 0863-4564 (Print)
ISSN 2941-3230 (Online)

Abonnement jährlich print + online
Institutionen: € 67,00
Privatpersonen: € 62,00

Versandkosten:
Inland: 12,00 €
Europa/ROW: 15,00 €

Weitere Informationen unter:
www.steiner-verlag.de

Franz Steiner Verlag